経営学史学会編 〔第二十二輯〕

現代経営学の潮流と限界
―― これからの経営学 ――

文眞堂

巻頭の言

経営学史学会第8期理事長　吉　原　正　彦

　経営学史学会第22回全国大会は，《現代経営学の潮流と限界——これからの経営学——》の統一論題のもと，2014年5月16日・17日・18日を会期として関東学院大学にて開催された。

　関東学院大学は，1884年に創設された横浜バプテスト神学校を前身として，キリスト教精神に基づき「人になれ，奉仕せよ」を校訓に，1949年に開設された経済学部をはじめとする11学部，5研究科を擁する，歴史と伝統が息づく名門大学であり，本大会が開催されたのは，本学創立130年という記念すべき年である。齊藤毅憲大会実行委員長，高橋公夫開催校責任者をはじめ実行委員会諸氏の行き届いた大会運営，そしてお手伝いをいただいた学生の皆々様に対して，改めて衷心より感謝申し上げたい。

　1993年に創設した経営学史学会は，成人を迎えた第20回記念全国大会において，20世紀の学問として誕生した経営学の歴史を顧み，経営学史百年を批判的に総括する《経営学の貢献と反省——21世紀を見据えて——》を統一論題とした。それは，物質文明に寄与した20世紀経営学を自己省察し，21世紀の「経営学の意義」を求めるものであった。

　続く第21回全国大会は，記念大会の「経営学の意義」を共通の問題意識として，《経営学に何ができるか——経営学の再生——》が統一論題であった。サブテーマである〈経営の発展と経営学〉と〈経済学を超える経営学〉は，その誕生から宿命的なジレンマともいえる実践性，学術性，独立性にかかわる現在の経営学の存在意義を問い，自己省察をさらに徹底して「再生」の曙光を見出そうとするものであった。このように第20回大会と第21回大会は時間軸上の「過去」と「現在」に重きを置いていたのであり，次に続く大会は「未来」に焦点を置くことが予想された。

　まさしく関東学院大学で開催された第22回大会の統一論題は，冒頭に示し

たように,「未来」を焦点に据えた〈これからの経営学〉であった。もちろん時間の流れは,過去から現在そして未来という連続線上にあるのではなく,現在に過去と未来がともに在り,"今,ここに"生きているわれわれが位置する現在に,未来の契機に過去の契機が内在している。

統一論題にある〈現代経営学〉の「現代」とは,1980年代以降に形成されてきた新たな経営学の潮流が,その限界を露呈し,理論的潮流の大転換が求められて「今,ここに」立っている状況認識にあるということを意味している。

この統一論題のもと,未来を見据え,この転換の方向性を求めるべく,サブテーマとして4つの理論的領域の潮流を取り上げた。基調報告は高橋公夫会員によってなされ,続いて理論的領域の潮流Ⅰの〈新制度派の経営学〉を菊澤研宗会員,潮流Ⅱの〈経営戦略論〉を大月博司会員,潮流Ⅲの〈非論理的知の組織論〉を岸田民樹会員,そして潮流Ⅳの〈ヒューマン・リソース・マネジメント〉を上林憲雄会員が報告を行った。

本年報には,大会当日の議論を踏まえ,改めて執筆された5本の論文が収められており,その他に2段階の査読を経た5本の自由論題論文,及び資料編等から構成されている。

過去と未来は,現在という主体にとっての客体的存在であり,歴史を認識する「今,ここに」生きている人間の主体性が問われるものである。各論者の「これからの経営学」への挑戦が過去の契機を如何に捉え,未来への展望を見据えているか,それは読者諸氏のご判断に任せたい。

巻頭の言葉を閉じるにあたり一言申し添えたい。この第22回大会は,第20回記念大会から責任を担っていた第7期理事長の小笠原英司会員にとって理事長として最後の大会となった。小笠原会員は経営学史学会創設に向けた準備に始まり創立時からの事務局を担当され,経営学史学会の創成期からその基盤づくりに多大な貢献をされてこられ,そして理事長の任期を全うされた。ここに記して深く感謝申し上げる。

経営学史学会は,そうした個々の会員の惜しみない尽力によって支えられており,これらを礎に,今後とも経営学史研究の一層の発展を求め,使命を果たしていきたい。

目　次

巻頭の言……………………………………………吉　原　正　彦…i

第Ⅰ部　趣旨説明……………………………………………………… 1

　現代経営学の潮流と限界………………………第7期運営委員会… 3
　　——これからの経営学——

第Ⅱ部　現代経営学の潮流と限界…………………………………… 7
　　——これからの経営学——

　1　現代経営学の潮流と限界………………………高　橋　公　夫… 9
　　　——これからの経営学——

　　　Ⅰ．統一論題の提示…………………………………………… 9
　　　Ⅱ．現代経営学とは…………………………………………… 10
　　　Ⅲ．バーナード・サイモン以降……………………………… 10
　　　Ⅳ．4つの潮流………………………………………………… 12
　　　Ⅴ．背景——「断絶の時代」と新自由主義——…………… 16
　　　Ⅵ．マネジメントの5段階的具体化………………………… 18
　　　Ⅶ．経営学史の今後…………………………………………… 19

　2　新制度派経済学研究の停滞とその脱却…菊　澤　研　宗… 20

　　　Ⅰ．はじめに…………………………………………………… 20
　　　Ⅱ．米国における新制度派経済学の行方…………………… 20
　　　Ⅲ．停滞の理由と学説史の危機……………………………… 22
　　　Ⅳ．新制度派経済学の発展のために………………………… 27
　　　Ⅴ．結語………………………………………………………… 32

3 経営戦略論の理論的多元性と実践的含意 ………………………… 大月博司 … 34

Ⅰ．はじめに………………………………………………………… 34
Ⅱ．経営戦略論の源流……………………………………………… 34
Ⅲ．経営戦略論の発展……………………………………………… 37
Ⅳ．社会性の復活による経営戦略論のあり方…………………… 41
Ⅴ．結び：理論的多元性の実践的含意…………………………… 44

4 状況適合理論から組織化の進化論へ …… 岸田民樹 … 48

Ⅰ．状況適合理論の生成と展開…………………………………… 49
Ⅱ．組織化の進化論………………………………………………… 53
Ⅲ．結語……………………………………………………………… 57

5 人的資源管理パラダイムの展開 ………… 上林憲雄 … 62
——意義・限界・超克可能性——

Ⅰ．はじめに………………………………………………………… 62
Ⅱ．HRM の理論モデル…………………………………………… 62
Ⅲ．HRM パラダイムの特徴……………………………………… 64
Ⅳ．HRM パラダイムの意義……………………………………… 66
Ⅴ．HRM パラダイムの限界……………………………………… 67
Ⅵ．HRM パラダイムの超克可能性……………………………… 70
Ⅶ．労働組合の可能性と存在意義………………………………… 72
——討論者コメントへのリプライ——

第Ⅲ部 論 攷 ……………………………………………………… 79

6 イギリスにおける分業論の展開 ………… 村田和博 … 81
——アダム・スミスから J. S. ミルまで——

Ⅰ．はじめに………………………………………………………… 81

Ⅱ．スミスの分業論……………………………………………… 82
　　Ⅲ．バベッジの分業論…………………………………………… 84
　　Ⅳ．ウェイクフィールドの分業論……………………………… 85
　　Ⅴ．ミルの分業論………………………………………………… 87
　　Ⅵ．むすび………………………………………………………… 89

7　制度の象徴性と物質性に関する
　　学説史的検討………………………………早　坂　　　啓… 92
　　　　──超越論的認識論における二律背反概念を通じて──

　　Ⅰ．はじめに……………………………………………………… 92
　　Ⅱ．制度の象徴性と物質性の理論的含意……………………… 93
　　Ⅲ．二律背反概念の方法論的含意……………………………… 94
　　Ⅳ．二律背反的な制度分析へ向けて…………………………… 96
　　Ⅴ．おわりに………………………………………………………100

8　地域社会レベルからみる企業の
　　社会的責任…………………………………津久井　稲　緒…103

　　Ⅰ．はじめに………………………………………………………103
　　Ⅱ．企業の社会的責任論史にみる責任概念の変化……………103
　　Ⅲ．地域社会レベルの提示と社会的責任の内容………………108
　　Ⅳ．おわりに──企業の社会的責任の方向性──……………113

9　米国における通報研究の展開……………吉　成　　　亮…118
　　　　──通報者の立場にもとづく悪事の通報過程──

　　Ⅰ．はじめに………………………………………………………118
　　Ⅱ．通報研究における悪事の通報過程…………………………119
　　Ⅲ．通報者の動機づけに関する3つの立場……………………121
　　Ⅳ．通報者による権力の獲得過程………………………………124
　　Ⅴ．むすび…………………………………………………………127

10 ダイナミック・ケイパビリティ論における
　　知識の問題……………………………………赤　尾　充　哉… 128

　Ⅰ．はじめに…………………………………………………………… 128
　Ⅱ．ダイナミック・ケイパビリティ論の概要…………………………… 129
　Ⅲ．ティースの理論変遷と知識の問題………………………………… 130
　Ⅳ．おわりに…………………………………………………………… 135

第Ⅳ部　文　　献……………………………………………………… 139

　1　現代経営学の潮流と限界………………………………………… 141
　　　　　――これからの経営学――
　2　新制度派経済学研究の停滞とその脱却………………………… 143
　3　経営戦略論の理論的多元性と実践的含意……………………… 144
　4　状況適合理論から組織化の進化論へ…………………………… 146
　5　人的資源管理パラダイムの展開………………………………… 146
　　　　　――意義・限界・超克可能性――

第Ⅴ部　資　　料……………………………………………………… 149

　経営学史学会第22回全国大会
　実行委員長挨拶……………………………………齊　藤　毅　憲… 151
　第22回全国大会を振り返って………………………藤　沼　　　司… 153

第Ⅰ部
趣旨説明

現代経営学の潮流と限界
―― これからの経営学 ――

第 7 期運営委員会

　第22回全国大会の統一論題は「現代経営学の潮流と限界――これからの経営学――」となった。設定の経緯と趣旨は以下のようなものである。
　前回大会の統一論題「経営学に何ができるか――経営学の再生――」を受けて，理事会では学説の歴史的研究に戻るべきであるとか，経営学史の意義を検討すべきであるとか，資本主義の新展開に対応すべきであるという意見が出された。運営委員会ではそれらを検討した結果，学史研究は単に過去を回顧するのではなく，今後の展望を見出すためのものであるということから，近年の経営学の諸潮流を取り上げ，その意義と限界を明らかにすることにより，「これからの経営学」の理論的端緒を探ろうという問題意識にいたった。
　そこで「現代」経営学を捉えるのに，われわれは1970年代を境に1980年代以降，新たな経営学の潮流が形成されたという認識のもとに，次の4つの理論群を取り上げ，それぞれの潮流の代表的論者を報告者として迎え，討論者とともにその限界と展望を指摘してもらって，会場からの活発な討論を期待することにした。
① ウィリアムソン，ジェンセンらの新制度派の経営学
② アンソフに始まりボストン・コンサルティング・グループやポーターなどの経営戦略論
③ コンティンジェンシー理論以降の組織認識論・組織学習論などの非論理的知の組織論
④ パーソネル・マネジメントに代わるヒューマン・リソース・マネジメント（HRM）

　これらはいずれも1980年代以降に本格的に議論がなされ，今日の経営学の主要な潮流を形成しているものである。しかしながら，これらは今やその限

界を露呈し，理論的潮流の大転換が求められていると考える。なぜならば，リーマン・ショックと東日本大震災および原発事故によって，経営学をはじめとする社会科学の問題意識は本質的に大きな変容を遂げたからである。それは第一に，金融市場の危険と不確実性が市場原理の信頼性を一気に損なわせたこと，また人為的な営みの無力さ，なかんずく科学的知見の判断不能性と隠蔽イデオロギー性（安全神話）を露呈させたことなどからくるものであった。したがって，市場と科学に依拠する社会科学，特に市場経済の担い手の立場から科学的に研究されてきた経営学は，今や大きな転換を迫られているといえる。もちろん，そうした転換はむしろ既存の理論的潮流の外部からやってくるのかもしれないが，とりあえずはこれら4つの潮流を経営学史に位置付けることにより，転換の方向性を探ることにしたい。

以上の問題提起に対して，なぜ1980年代以降の経営学を「現代経営学の潮流」として括るのか，といった疑問が抱かれるであろう。一つの見解として，以下のように考えることができる。

これらの潮流に共通した背景には，画一的な大量生産による工業社会から多様な需要からなる情報・流通・サービス・金融社会への転換があった。そのため，複雑多様化し不断に変容する市場においては，それまでのワンパターンな戦略＝組織構造では十分に対応することができなくなり，それが市場即応的で革新的な経営戦略論と環境適応的な経営組織論を要請した理由であろう。さらには市場の論理を組織内に導入し，内部市場分析として新制度派の経営学が形成された。また，内部労働市場における労働力は，多様な人間能力を兼ね備えた人的資源として丸ごと売買の対象とされるにいたった。

これらの理論の目指すものは環境適応とくに市場への戦略的適応である。つまり，生産組織志向というより市場志向の技術論的展開が目指されている。たとえば労働市場が前提とするHRMによると，今日の労働は人間特有の能力，たとえば「調整し，統合し，判断し，想像する」（ドラッカー）といった定量的には把握しがたい能力に依存するため，労働力をコストではなくリソースと捉えなければならないとされるが，言い方を変えれば身も心も丸ごと労働力商品として取り扱おうとするものである。また，かかる人間的特性を持つ労働力の管理は非論理的な思考プロセスをも内包するため，論理的な官僚

制的組織では対応することができず，より流動的な創造的組織が求められる。もちろん，これらの非論理性を含む人間能力も科学の対象とすることはできるが，科学そのものは「調整し，統合し，判断し，想像する」ことはできないのであり，それらは科学を超えた価値判断にかかわる経営の規範論的課題となる。

要するに，80年代以降の経営学の潮流を総括すると，「組織は市場をどう捉えるか」，また「科学はどこまで経営判断に有効か」といった課題への挑戦であったように思われる。したがって4つの潮流において，「組織と市場」および「経営と科学」の関係を理論的・技術論的および規範論的に検討することが求められる。

以上は一つの仮説的な問題提起であるが，本大会の統一論題の趣旨は，現代経営学の4つの潮流に即して「これからの経営学」を考える討論の場を提供するということにある。

第Ⅱ部

現代経営学の潮流と限界
―― これからの経営学 ――

1 現代経営学の潮流と限界
―― これからの経営学 ――

高 橋 公 夫

Ⅰ．統一論題の提示

　今大会の統一論題は「現代経営学の潮流と限界――これからの経営学――」となった。これまでの統一論題が第18回の「危機の時代の経営学」、第19回「経営学の思想と方法」、第20回記念大会「経営学の貢献と反省」そして昨年の「経営学に何ができるか」と来たことを踏まえて、経営学説の歴史的研究という経営学史本来の課題に立ち戻り、「"現代"経営学」といえる理論的潮流として何を取り上げるべきか、そしてその意義と限界は何か、という問題を提起するにいたった。とくにリーマン・ショック以降に意識された「危機の時代」を考慮するならば、ここ数十年におよぶ理論的潮流が明らかに大きな限界にぶち当たり、新たな変革を求められているのではないかと思われるのである。したがって、現代経営学の諸潮流の意義と限界、およびその展望を一挙に鳥瞰してみようというのが本大会の趣旨である。

　ところで、副題として「これからの経営学」とあるが、そうした未来志向的な考察としては、すでに第20回記念大会の副題に「21世紀を見据えて」とあり、また昨年の大会においても「楽観的な未来志向ではない」と断りながらも「経営学に何ができるか――経営学の再生――」を展望している。しかし、今回は経営学史研究の本来の課題である近年の経営学の諸潮流を取り上げ、その延長あるいは総合の上に「これからの経営学」を展望しようとする点に特徴があるといえる。それゆえに、統一論題「現代経営学の潮流と限界」にいう「限界」とは、まさに諸潮流の限界性の議論であるとともに、最前線の理論的課題を展望するものでもあるということができる。

II. 現代経営学とは

そこでまず，今大会の統一論題において課題となるのが「現代経営学」とは一体何か，それをどのように捉えるか，そしてその中で「現代経営学の潮流」として何を取り上げるべきか，ということである。結論的に，われわれは4つの潮流，すなわち①新制度派の経営学，②経営戦略論，③非論理的知の組織論，④ヒューマン・リソース・マネジメントを取り上げることになったが，網羅性と重要性から確定的に選ばれたというわけではない。他にも取り上げるべきさまざまな潮流を考えることができるであろう。しかしながら，われわれの見解では，現代経営学とは大体1960年代後半から70年代にかけて生成し，80年代以降本格的に展開されるにいたった諸潮流であるという共通認識に立っている。おそらく，こうした同時代性の背後には，共通した問題状況があるに違いないが，それこそが本基調報告の一つの論点であり，「いずこよりいずこへ」という学史研究に本来求められる総合的な歴史的鳥瞰性を可能にするものであると考える。したがって，諸潮流に関する詳しい議論はそれぞれの報告でなされることとして，ここでは若干大雑把ではあるが，一つの見方を提示したいと考える。

III. バーナード・サイモン以降

経営学史とくに経営管理論史では，これまでテーラー（1911）やファヨール（1916）らの伝統理論とバーナード（1938）とサイモン（1945）に始まる現代理論とに区分されてきた。これによると，現代経営学とはバーナード・サイモン以降，今日に及ぶ諸潮流ということになる。しかしながら，今日盛んに議論されている諸理論とは，バーナード・サイモンを起点として，さらに展開された新たな諸潮流であると捉えられる。つまり，バーナード・サイモンの抽象性・普遍性を批判して現われたコンティンジェンシー理論以降の諸潮流を，ここでは「現代経営学の潮流」として取り上げることになる。

たとえば，コンティンジェンシー理論の代表作，J．D．トンプソンの『行

為する組織』(1967)の「再版への序文」(2003)において，制度学派のW. リチャード・スコットは「トンプソン以前と以後」という学史認識を示している。すなわち，1950年以前にはウェーバーの官僚制組織論，テーラーの「ワン・ベスト・ウェイ」の作業管理論，人間関係論のインフォーマル組織論およびバーナードの組織論などがあったが，トンプソンはそれらを整理する枠組みとして「合理的システム」と「自然システム」，「クローズド・システム」と「オープン・システム」という２つの基軸を提示し，それにしたがって組織構造のバリエーションを明らかにした。そして，「…トンプソンは，環境の諸条件を組織の諸特性へと関連付けられるような100を超える検証可能な命題を展開した」とされる。

トンプソンの『行為する組織』および同年に刊行されたローレンス＝ローシュの『組織の条件適応理論』によって，コンティンジェンシー理論の問題提起は明確なものとなり，これ以降，経営組織論は新たな段階を迎えたということができる。つまり，バーナードが組織の概念を具体的な協働体系から「２人以上の人々の意識的に調整された活動や諸力の体系」と抽象することによって，組織と環境（内部環境と外部環境）との相互関係という一般的構図を描き出したのに対し，コンティンジェンシー理論はそれを具体化し，環境の違いや変化による組織のバリエーションを示したのである。

しかし，組織が環境に一方的に適応するとする受動的考え方は，すぐさま組織の主体的な環境創造の側面への注目を引き起こした。そして，環境の中でも特に問題とされたのが技術と市場であり，組織における技術的制約と選択，および市場への能動的働きかけを「経営戦略」と呼び，その研究が経営史においてチャンドラー（1962）により，また戦略論としてはアンソフ（1965）によってはじめられた。それ以降，経営戦略論は経営学の中心理論として確実な地歩を築くこととなり，組織と技術，組織と市場あるいは組織と環境という領域が経営学の主要な課題となった。

こうして「現代経営学」とは，少なくとも管理論・組織論においては普遍的なバーナード・サイモン理論の具体化として，多様な組織とさまざまな環境との動態的関連を明らかにする理論的認識活動であるということができる。

Ⅳ. 4つの潮流

　こうした観点から「現代経営学」を捉えるならば，4つの潮流はどう位置づけられるのであろうか。経営戦略論についてはすでに言及したが，非論理的知の組織論およびヒューマン・リソース・マネジメントに関しても同様の理解が可能である。

　非論理的知の組織論に関しては，その源泉として上げられるのがバーナードに発し論理実証主義に依拠したサイモンの意思決定論における限定合理性の議論であろう。それを受けたマーチ・コーエン・オルセンは「ゴミ箱モデル」を提唱した。すなわち，組織における意思決定は問題，解決案，参加者，選択機会が投げ込まれたゴミ箱のようなものであり，それらのランダムな取り出しによって決められる，というのである。したがって，問題の解決と決定とは別であり，見過ごしによる決定ややり過ごしによる決定などもある。要するに，組織における意思決定とは論理的に解決されるものではなく，偶然や便法などを含む非論理的なプロセスでもあり，とりあえずの決定で済ましているわれわれの日常的判断により近いものと捉えられる。

　また，サイモンを経ないでバーナードから直接に非論理的プロセスの意義を明らかにし，マイケル・ポランニーの「暗黙知」に注目したのが庭本佳和（1983，1991）であった。しかも彼の議論はバーナードの方法から「近代科学知を超えて」，さらにはオートポイエティックな視点から行動知・身体知・暗黙知の再構成を試みようとするのであった。そうした観点からすると，同じ「暗黙知」を扱いながらも，コンティンジェンシー理論から組織的知識創造論に転換した野中郁次郎，加護野忠男らの議論をにわかには認めがたいという指摘があった。どのようにして彼らが実証的なコンティンジェンシー理論からバーナード評価を含む組織的知識創造論にいたったかは，はっきりとは説明されていない。しかし，野中ら（1990，1995）の暗黙知の「共同化」，暗黙知の形式知への「表出化」，形式知の「連結化」，そして形式知の暗黙知への「内面化」という知識の相互変換過程の理論（SECIモデル）は，組織活動における非論理的な暗黙知の重要性を一般に示すものとして有効であったとい

うことができる。

　近年注目される非論理的な組織論として上げられるのが，カール・ワイクの組織化と進化の理論（1969, 1979）である。ワイクによると「組織化とは，意識的な相互連結行動によって多義性を削減するのに妥当と皆が思う文法と定義される」。だから「組織化とは，まず第一に，虚実に関する同意いわゆる合意された妥当性の生成である」とする。つまり文法の生成のようなものであり，「行為者に理解できる社会的過程を形成するためにいかに種々の相互連結行動を組み立てるかに関するルールや習慣の体系」である。言い換えると，「ここで文法とは，一人ではできないことをやらせるレシピ（処方箋）であり，何が行われたかを解釈するレシピである」ともされる。

　ワイクの議論はなかなか難しいが，要するに組織あるいは組織化を目的合理的に組み立てられるものとするのではなく，意識的な相互連結行動において合意される妥当性を自生的に形成していくことだというのである。これは社会的行為を思考や行動の習慣や慣習の体系とみるヴェブレンの制度的理解に近いということができる。さらに両者とも，かかる組織化あるいは制度の生成・発展・消滅を進化の過程とみる点においても同様である。いずれにしろ，バーナード・サイモンに始まる現代組織論の具体化の認識活動は，『経営者の役割』の付録にある「日常の心理」をさらに展開したような非合理的な論理や行為的直観をも含む制度論的理解に行きついたように思われる。

　他方，ヒューマン・リソース・マネジメント論もまた，「全人仮説」ともいわれるバーナードの人間仮説に対応する理論として生成してきたといえる（表1参照）。もともと労務管理は親方職長による成行き的生産管理とともに行われていたが，周知のようにテーラー・システムによって生産管理と労務管理が計画部によって集権的に管理されることとなった。この段階では生産管理と労務管理は未分化であり，労働力管理は賃金管理であり労働管理でもあった。逆に言うとどのように働かせるかの労働管理は賃金問題を介して労働力管理でもあった。しかし，フォード・システムによって労働が完全に単能化することによって生産管理と労務管理，あるいは労働管理と労働力管理は関連しつつも切り離されることとなった。いわゆるパーソネル・マネジメントはそのうちの労働力管理を賃金以外の配置や処遇などの多面的な側面から扱

うこととなった。さらには人間関係論が現れると，労働力の生活面からも生産性への寄与を問題とするようになり，ここに労働者管理が認められるようになった。いわゆるパーソネル・マネジメントは労働管理，労働力管理，労働者管理として一つの体系化を見た。

ところが，象徴的に言えばフォード・システムに対してトヨタ・システムが現われ，労働管理に大きな変革が起こった。つまり大野耐一（1978）によって「ニンベンのある自働化」といわれるような現場労働の判断労働化であり，複雑な多能工化であった。あるいは小池和男のいうルーティン労働における異常と変化への知的対応，知的熟練である。これによりテーラー以来の構想と実行の分離による組織化の方向は逆転し，実行レベルの作業に構想的な判断力が求められるようになった。かかる多能的・構想的労働管理は知的肉体的に多面的な人間的労働力管理つまりタレント管理を必要とし，労働者管理はそうした労働力化，タレント化を可能とする限りにおいて戦略的に取り扱われることとなった。それにより，即戦力としてタレント化されざる労働者の管理，たとえば雇用保障や企業福祉は排除されることとなった。言うまでもないことであるが，本来的に知的労働であるホワイトカラー労働に関してはこのことはダイレクトに適応された。

ヒューマン・リソース・マネジメントはこうした文脈において現われたものと考えられる。すなわち，これまでのパーソネル・マネジメントが労働力をコストと考えてきたのに対し，これからはヒューマン・リソースと考えようというのである。つまりフォード・システムのように単能化を目指すならば誰が行おうと成果はある程度一定であり，したがって成果ではなくコストが問題となる。それに対し，多能化あるいは労働裁量化を目指すならば，コストは成果が上がる限りは問題とはならないからである。まさにヒューマン・リソース・マネジメントは成果主義である。そのためヒューマン・リソースとして成果を生まない要素は極力切り捨てられることになる。だから，この間に行われたリストラのイデオロギー的役割を担うこととなった。

一方，ヒューマン・リソース・マネジメントは人間を単なる労働力ではなく人間に特有の特性に根ざす人間的な管理であるとする考え方がある。その代表者が，自由を可能とする管理を求めて誰よりも早く人的資源論を提唱し

ていたドラッカー（1954）である。彼は労働者を人的資源という観点から考察する場合，「資源」の二字を強調するか「人的」の二字を強調するかで結論は大きく異なってくるとして，人的資源の特性として「調整し，統合し，判断し，想像する」能力をあげ，人的たるゆえんを「道徳的・社会的・人格的存在たる人間の特性」として，それを「生かすことのできる仕事の組織とはいかなるものか」を問わなければならないとしている。これは明らかにバーナードの道徳性をも含む「全人仮説」と軌を一にする。しかし，今日のヒューマン・リソース・マネジメントはあくまでも前者つまり「調整し，統合し，判断し，想像する」人間的能力をそれまでの構想から切り離された労働観に対して人間性を強調しているに過ぎない。したがって，一見ヒューマンなように見えて，判断労働・精神労働を含む人間能力の全面的活用を，言い換えれば資本への人的資源性の全面的包摂を求めるものであり，それができない場合は切り捨てるという方策であるということができる。そのために，たとえば鬱病の蔓延は単に雇用情勢の悪化によるばかりではないと考えるべきであろう。

表1　労務管理論（Personnel Management）の生成と展開

労務管理の段階	課題	対策
成行管理（万能機）	生産管理と労務管理の一体的運用	万能職長（親方）
科学的管理（専門機）	構想（計画）と実行の分離	プランニング・ルーム（賃金管理）
フォーディズム（単能機）	生産管理と労務管理の分離	労務管理の成立（労働力管理）
人間関係論(機械的オートメーション)	労働者管理 企業福祉	労働者管理（morale）
アフターフォーディズム(多能工化・自動化)	判断労働・知的熟練の育成・管理	知識労働者の管理（motivation）
人的資源管理(IT化・ロボット化)	知的労働の効率化	成果主義管理・雇用の流動化

さて，最後に新制度派の経営学についてはどうであろうか。報告者は，昨年の大会においてこれに論及したが，その結論は時代の要請に応じた意義ある理論であるが，経営学としては不十分な理論であるという主張であった。ここでは特にウィリアムソンを取り上げ，別の角度から若干の検討をしたい。彼の編集になるバーナード『経営者の役割』発刊50周年記念セミナー（1988）の報告書の存在は周知のことであるが，彼の学位論文はサイモンの在職したカーネギー・メロン大学に提出されている。したがって，彼の理論的展開はバーナード・サイモン理論の一つの具体化の道であったということができる。彼の代表作は取引コスト論で有名な『市場と企業組織』（1975）であるが，彼の処女作は『裁量的行動の経営学』（1967）であり，所有と経営の分離した経

営者支配企業において，経営者裁量モデルの効用関数として利潤最大化行動からの乖離とそれに代わる裁量的行動の可能性を探るものであった。つまり必要最小限の利潤が定常的に可能であるような競争が緩やかな寡占企業や被規制企業の場合，経営者は必ずしも最大限利潤を求めるのではなく，経営者の費用選好によって利潤の一部がスタッフの増員や役得などに裁量的に回されるというのである。すなわち，商品市場における競争状況によって経営者の裁量の範囲は伸縮し，競争状況が厳しくなるほど利潤志向は増大するということになる。したがって，バーリ・ミーンズの経営者支配モデルはバーナード時代のベルシステムのような被規制企業においてはふさわしいが，今日の通信事業のように競争が厳しくなった産業においては利潤志向性が復活してくるということになる。そのために経営者支配モデルは一方的に進行するのではなく，利潤最大化モデルの方向に揺れ戻すということになる。ある意味では，これが新自由主義を生み出したということができる。さらに第2作の『現代企業の組織革新と企業行動』(1970) においては，企業組織が職能別部門形態から多数事業部制形態に変革することによって経営者裁量モデルは利潤志向性を取り戻すということが論じられていて，結局ウィリアムソンは『企業組織と市場』に至るまでにバーリ・ミーンズの経営者支配類型の条件適合性を検討していたということができる。

V. 背景——「断絶の時代」と新自由主義——

さて，こうした4つの経営学の潮流が生み出されるにいたる時代的背景は何であろうか。すでに，報告者は近年のそうした変革を最も早く捉えたものとしてドラッカーの「断絶の時代」(1968)，すなわち産業社会から知識社会への非連続的変革という認識の意義を強調してきたが，それはまたレギュラシオン学派 (1976) のフォーディズムからアフター・フォーディズムへ，あるいはピオリ・セーブルの大量生産体制からクラフト的生産体制の現代的復活へという『第二の産業分水嶺』(1984) という考え方と軌を一にする。いずれも結局は環境の複雑化と市場競争の熾烈化に対応すべく，大量生産の原理たる専門化と統合，およびその基礎にある構想あるいは計画と実行の機能的

分離というテーラー原理・官僚制原理の逆転現象が生じたのだということができる。それは何もトップマネジメントやミドルマネジメントの裁量業務の揺らぎであるにとどまらず，現業的業務においても多能化，判断業務化が求められている。たとえば，フォードはT型1車種の大量生産であったが，GMは5車種，今日のトヨタではセダンだけで8車種，それぞれにクラウン・マジェスタ，クラウン・アスリートのように異なる味付け，さらにハイブリッド仕様，海外仕様，顧客のさまざまなオプション仕様などが可能であり，数限りない車種構成となっている。つまり，多品種少量生産であり，それに対応するための現場労働者の多能工化であり，ニンベンのある自働化であったということができる。トヨタ・システムをしてアフター・フォーディズムの代表的なものの一つと考えるのはもっともなことである。しかしながら，レギュラシオン学派はそれをもって勤労者民主制が近づいたと考える点に読み間違えがあった。むしろ，市場からの「引っ張り（pull）」原理によって市場原理が職場に引き入れられることとなった。環境や市場の多様性と不確実性が増すならば，組織においては裁量的な領域（多義性）が拡大することとなるが，裁量性や負荷が大きくなりすぎると判断の外部化が行われることとなる。すなわち「市場化」である。これが，知識社会化に伴う市場化の論理であり，新自由主義の台頭を促す一つの要因であったといえる。

　新自由主義に関しては，リーマン・ショックによる限界の露呈によって，その原因と帰結が語られるようになった。したがってその後，新自由主義が提起した課題にどのように対応していくかが問題となる。経営学にとって，新自由主義および新制度派の経営学が提起した課題とは，組織とともに市場がコンティンジェントなファクターであるという認識である。とはいえ新たな市場化によって，経営者支配が全面的に株主支配にとって代わるわけではない。ウィリアムソンが明らかにしたように，経営者の裁量的行動が可能なのは競争環境が比較的安定的な場合であって，競争的市場においては経営者の裁量の余地はそれだけ限定される。市場が多様化し革新が常態化して戦略性が一層求められる時代においては，経営者が機会主義的に市場の論理に従うというのは当然のことである。しかし，この最も知的熟練化した経営の機能を専門経営者以外に託することは不可能であろう。専門経営者は市場に機

会主義的に対応するばかりでなく，裁量的余地を拡大し倫理的理念のもとにあらゆるステークホルダーの利害を統合するようでなければならない。

VI. マネジメントの5段階的具体化

現代経営学とは，バーナード・サイモン理論の具体化の過程であったということができる。特にコンティンジェンシー理論以降，実証的・理論的に組織と環境との条件適合性が動態的に研究されてきた。われわれは中でも経営戦略論，非論理的知の組織論，ヒューマン・リソース・マネジメント，新制度派の経営学の4つの潮流を取り上げてきた。それらを鳥瞰してどのような統一的パースペクティブを形成するかは，これからの経営学を検討する場合に有益であろう。報告者は，一つの試論として次のような理解を提示したい。つまり，個別資本説がその具体化のために馬場克三（1938）によって5段階説が唱えられたように，マネジメントの具体化のプロセスを5段階的に捉えることはできないかということである（表2参照）。

マネジメントの第1段階は内部組織の形成と運用の理論的段階であり，テーラーとファヨールによって代表される。次いで，協働体系から抽象的な組織

表2 マネジメント概念の段階的具体化と該当する理論

	マネジメント概念の具体化	マネジメント概念の具体化段階に該当する理論
第1段階	マネジメントは内部組織の形成と運営に関わる	（伝統理論） テーラー，ファヨール，ウェーバー，パーソネル・マネジメント，ヒューマン・リレーションズ
第2段階	マネジメントは多様な環境に適応する	（現代理論＝原理論） フォレット（全体状況＝環境），バーナード（組織と環境），サイモン（決定前提＝情報），バーリ・ミーンズ
第3段階	マネジメントは特定の産業（技術と市場）という条件に適応する	（コンティンジェンシー理論） ウッドワード，トンプソン，ローレンス・ローシュ
第4段階	マネジメントは同業者の中で戦略的に競争する	（経営学の現在） アンソフ，ポーター，PPN，ゴミ箱モデル，ワイク，HRM，NPO，CSR
第5段階	マネジメントは所有の条件によって規制される	（新制度派の経営学） ウィリアムソン，ジェンセン

概念が抽出され，組織の環境に対する有効性と能率の均衡的代謝関係を問題とするバーナード理論による第2段階。その系として，バーナードの機会主義的意思決定をさらに決定前提から結論する過程として描き出し，限定合理性の議論を提起したサイモンがある。つまり，これらの理論は内部組織だけを見るのではなく，環境の中での組織の適応をマネジメントの意思決定によって図るという生物モデルの段階である。さらに第3段階として，この理論の抽象性を批判して具体的な組織の多様性を環境との関連から条件適合的に導き出すコンティンジェンシー理論の段階となる。経営や組織の多様性は，まず技術と市場の共通した特殊性から産業別・業界別になされる。したがって，産業の変化や新産業の誕生は経営や組織の変革を求めることとなる。産業社会から知識社会への非連続的変化はそれまでの安定的な組織化社会に大きな変革をもたらしつつある。たとえば，テーラーの「ワン・ベスト・ウェイ」，フォードの1車種大量生産という一義的な組織運営が限界を迎え，個別経営の独自の戦略が求められるようになった。これが第4段階の個別経営レベルでの課題であり，ソフト産業化に伴って非論理的知の組織論や知的熟練を求めるヒューマン・リソース・マネジメントが展開されることとなった。そして第5段階においては，所有と支配の新たな論理として新制度派の経営学が台頭し，経営者支配のコンティンジェンシー化が図られたのである。

Ⅶ. 経営学史の今後

　以上の基調報告は，これからの経営学を展望するために，4つの潮流に代表される現代経営学の具体的展開を統一的視点から俯瞰するという問題意識から提起されたものである。したがって，これからの経営学への一つの含意としては，それぞれがバーナードに立ち返り，統合的に再検討されるべきであるということである。「経営学史」とは，これまでの経営学の歴史を後追い的に整理するだけでなく，これからの経営学を現実とのかかわりから先取り的に構想し，次世代の研究者たちに「何を学ぶべきか」を提示するものでなければならない。しかしながら，それは残された課題となった。

　（巻末の第Ⅳ部「文献」を参照願います。）

2 新制度派経済学研究の停滞とその脱却

菊　澤　研　宗

Ⅰ．はじめに

　1980年代に，企業理論として急速に発展してきた新制度派経済学は，いまどのような状況にあるのだろうか。今回，2年間の米国カリフォルニア大学バークレー校ハース・ビジネス・スクールでの留学を通して，見たこと，聞いたこと，そして考えたことを説明してみたい。
　周知のように，新制度派経済学は取引コスト理論，エージェンシー理論，そして所有権理論という三つの理論を中心に発展してきた。これらのうち，エージェンシー理論と所有権理論は，今日，主に経済学者が中心に扱い，数理モデル化が進むとともに，さらなる発展が予想されうる。これに対して，取引コスト理論は，これまで主に経営学者が扱ってきた。数理モデル化に遅れ，今日，その研究はいくぶん停滞しているように思える。
　以下では，この新制度派経済学の中心的な地位にある取引コスト理論がなぜ経営学分野で発展していないのか。今後，どうすればいいのか。これらについて説明してみたい。

Ⅱ．米国における新制度派経済学の行方

　新制度派経済学と呼ばれている研究は，実は二つある。一つはオリバー・E・ウィリアムソンなどを中心とする企業の経済学的な制度研究であり，もう一つはマックス・ヴェーバーを源泉とする社会学的な制度研究である。どちらも制度派のソースティン・ヴェブレンと関係しているが，ここではより注目され，より影響力の強い企業の経済学的な新制度派経済学について議論を

進めていきたい。

　新制度派経済学は，基本的に三つの理論から構成され，急速に発展してきた分野である。最近のノーベル経済学賞受賞者も，この分野の研究者が多い。
(1)　第一に，コース（Coase 1988）やウィリアムソン（Williamson 1975, 1985, and 1996）によって展開された取引コスト理論。
(2)　第二に，ジェンセン・メックリング（Jensen and Meckling 1978）たちによって展開されたエージェンシー理論。
(3)　そして，第三にアルチャン（Alchian 1977）やデムセッツ（Demsetz 1998）によって展開された所有権理論である。

これらのうち，エージェンシー理論はこれまで資本構成論やコーポレート・ガバナンス論に応用され，その後，経済学のゲーム理論と結びつき，より数学的に展開され，主に経済学の世界で発展している。さらに，今日，経済学者によって行動経済学と結びつけられ，利他性や自己過信（overconfidence）などの心理学的な要素を含む行動エージェンシー理論へと発展している。

　また，所有権理論もこれまで「法と経済学」分野で花開き，その後，オリバー・ハート（Hart 1995）によって新所有権理論の名のもとに数理化されてきた。しかも，最近では，ハートや彼の同僚たちによって心理学的な行動経済学と結びつけられつつあり，行動経済学的な所有権理論が展開されつつある。

　このように，エージェンシー理論と所有権理論に関しては，経済学者が強い関心を示し，これまで数理モデル化が進むとともに，現在も行動経済学と結びつき，より現実に応用可能な方向に発展しつつある。これらは，いまや経営学というよりも経済学の主要な研究領域になっているといってもいいだろう。

　これに対して，取引コスト理論は経済学者によって積極的に扱われることなく（もちろんほとんどの経済学者は取引コスト理論のことを知っているが），いまだに経営学分野に留まっているといっていいだろう。しかし，残念ながら，取引コスト理論はそれほど発展しているわけではない。

　とくに，その創始者の一人であるウィリアムソンは，現在，UCバークレーのハース・ビジネス・スクールの名誉教授である。しかし，UCバークレーで

はそれほど盛んに取引コスト理論の研究が進んでいるわけではない。では，米国の経営学者は何をしているのか。私の観察では単なる現象に囚われた実証研究をしているにすぎない。

Ⅲ．停滞の理由と学説史の危機

1．米国経営学の現状

今日，米国の経営学研究は，三つの研究グループに区別されうる。(1)企業の経済学研究グループ，(2)社会学的な組織論研究グループ，そして(3)心理学的な組織論研究グループである。

三つのグループは相互に関係しているが，扱う問題は必ずしも同じではなく，相互に密接に交流しているわけではない。社会学的な組織研究グループと心理学的なグループは相互に関係しているが，企業の経済学グループとは，一線を画しているように思われる。

しかし，三つの研究グループは，今日，いずれも統計的で実証的な研究を行っているという点では同じである。定性的な研究もなされているが，そのような研究はいま米国では主流ではない。統計的な手法を用いることなくして，米国で博士号をとることは，非常に難しい状況にある。

おそらく，統計的手法を駆使する米国の研究者全員が，統計学の数学的構造を完全にマスターしているとは思えない。今日，統計ソフトが発達し，基本的にそれを使って気軽に統計的な分析が可能になっただけである。あるいは，統計的分析を得意とする研究者を必ず仲間に入れて共同研究しているケースがほとんどである。

また，現在の欧米では，明らかに計量的な研究の方が有名な学術雑誌にアクセプトされやすい状況にある。さらに，統計を使って問題を処理する実証的方法が，社会科学ではより「科学的」に見える。こういった様々な理由から，現在，米国の経営学は統計学を基礎とする実証主義的研究によって支配されているといっていいだろう。

2．実証主義批判

しかし，私自身はこのような米国における統計的な実証研究に疑問をもっている。問題はいくつかあるが，ここでは二つのことを指摘しておきたい。まず，単なる相関命題を因果命題として扱って実証しようとしていること，次に仮説検定の意味が誤解されていること，これである。以下，これらについて説明してみたい。

(1) 相関関係を因果関係として扱う誤謬

まず，提出される仮説のほとんどが実は因果命題ではなく，理論的基礎のない単なる相関仮説にすぎない。因果命題とは，時間とともにある状態から別の状態へと状態が変化することを描くものであり，その逆はない。しかも，その一方方向への変化を説明する法則が，その背後に存在する。そして，その法則から様々な因果命題が引き出されることになる。

たとえば，経済学では，企業の利益最大化仮説「すべての企業は利益最大化する」が，法則の役割を果たしている。この法則が背後にあると，そこから様々な因果命題が導かれることになる。たとえば，「株式による資金調達コストが銀行からの借入コストよりも低いならば，企業は株式による資金調達を選択するだろう（その逆はない）」，あるいは「もし円高が進行するならば，企業は海外での生産の割合を高めるだろう（その逆はない）」。これらの命題の背後には，いずれも利益最大化仮説がある。

このような因果法則を発見し，そこから様々な因果命題を引き出すことによって理論体系が展開される。このような体系を展開するには，相当の才能が必要となる。しかし，相関関係を導くには，法則は必要ない。それゆえ，凡人でもすぐに仮説を形成できる。直観的に，AとBが関係しているのではないか，あるいは少ないデーターからAとBは関係しているのではないか。ただそれだけの推測や作業で，相関仮説を作ることができる。

たとえば，「人は幸福感を感じると，寄付行為を行う」という命題。この命題は，その逆「寄付行為を行うと，人は幸福な気持ちになる」という命題としても成り立つ。それゆえ，これは因果命題ではなく，相関命題である。

また，「スター教授がやってくると，その部門の知的レベルは上昇する」という仮説命題や「中間管理職の経験のない経営者が経営するベンチャー企業

に投資すると成功する」という仮説。なぜそうなるのか。そこには理論的な説明はない。とにかく，経験的に実証されればいいという実証主義的な態度である。

　しかし，こうなってしまうと，統計を使っている意味が異なる。ある理論からあるいはある原理や法則から演繹的に提出されたある仮説を経験的にテストするのではなく，帰納的に仮説を作るために統計を使っていることになる。統計的に検証された仮説は正しいということで，帰納的に真であるという仮説がたくさん出てくることになるのだろう。しかし，後に説明するように，このやり方は間違いである。帰納の論理はない。

　また，先に述べたように，このような形で扱っている仮説のほとんどは，いずれも因果関係ではなく単なる相関関係にすぎない。残念ながら，相関命題は役に立たない。どちらが原因でどちらかが結果が分からないので，そのような相関命題からは目的に対する手段を得ることができない。単に相互に関係しているということだけであり，時にはそれは見せかけの関係にすぎない場合もある。

　問題なのは，このような相関命題を多くの経営学者が因果命題として経験的に実証しようとしている点である。単回帰分析や重回帰分析は因果命題の妥当性を経験的にテストするものであって，相関関係の妥当性をテストするものではない。あくまでも「AならばYとなる」，「BならばYとなる」，「CならばYとなる」，「DならばYとなる」といった因果命題の妥当性を以下のような重回帰式にもとづいてテストしようとする統計的な手法なのである。

　仮説「Aならば，Yとなる」
　仮説「Bならば，Yとなる」
　仮説「Cならば，Yとなる」
　仮説「Dならば，Yとなる」

　$Y = a_0 + a_1 A + a_2 B + a_3 C + a_4 D$ （a_0は定数）

　ここで，A，B，C，Dは独立変数であり，Yは従属変数である。

(2) 非反証を実証とみなす誤謬

　さらに，問題なのは統計的仮説検定の意味が必ずしも十分理解されてない。仮説検定とは，証明したい命題つまり「対立仮説」に対して，それを否定する命題つまり「帰無仮説」を立てる。その理由は，理論的な普遍命題（ここでは対立仮説）は論理的に実証できないからである[3]。

　たとえば，「すべてのカラスは黒い」という自明の普遍命題ですら，経験的に真として実証できない。いま，証明したい仮説（対立仮説）を「すべてのカラスは黒い」としよう。しかし，この命題を真理として実証したくても，実証することはできない。いくらたくさんの黒いカラスを見つけてきたとしても，「すべてのカラスは黒い」を実証することはできない。この命題を実証するには，過去，現代，未来，そして宇宙のすべてのカラスを観察する必要があるからである。それは無限である。したがって，普遍的な命題を実証することはできない。

　ところが，この同じ普遍命題は反証することはできる[4]。たとえば，「すべてのカラスは黒い」は真理として実証できないが，有限な白いカラスを観察することによって，反証することはできる。したがって，「すべてのカラスは黒い」という命題の妥当性を証明するために，この論理的な性質を利用すると，以下のような間接的な手続きをとればいいことになる。

　まず，「すべてのカラスは黒い」という命題の妥当性を証明するために，この命題は先に述べたように直接実証することはできないので，それを否定する内容をもつ帰無仮説「すべてのカラスは白い」という命題を立て，それを反証すればいいということになる。この場合，黒いカラスを一羽でも見つければ，「すべてのカラスは白い」という命題を否定することはできる。この帰無仮説の妥当性が1％あるいは5％しかない場合，この帰無仮説は反証されることになるので，もとの対立仮説「すべてのカラスは黒い」という命題は1％あるいは5％で有意だということになる。つまり，帰無仮説を反証することによって，間接的に当該の仮説命題の妥当性を証明しようというわけである。

　このようにして，ある仮説命題を実証しようとするには，まずそれを否定する帰無仮説を設定し，それを反駁するという手続きが仮説検定作業なので

ある。ある仮説の妥当性を検定する場合には、まず否定したい仮説（帰無仮説）を立てる。つまり、もし「AとBは関係がある」を証明したいならば、「AとBは関係がない」、あるいは「AとBの平均には差がある」を証明したいなら「AとBの平均には差がない（等しい）」といった帰無仮説を立てる。そして、この帰無仮説を反駁すればいいということである。

しかし、帰無仮説として「すべてのカラスが白い」という命題を反駁できたからといって、「すべてのカラスは黒い」という命題が真として実証されるわけではない。この点に注意すべきである。黄色や赤のカラスもいるかもしれないからである。

したがって、K．R．ポパーがいうように[5]、統計的な仮説検定でわかるのは、帰無仮説が否定されたということだけであり、その結果、対立仮説（実証したい仮説）が暫定的に受け入れられたにすぎないこと、対立仮説が反証されなかったということ、それを否定する合理的理由がいまのところないということ、ただそれだけのことにすぎない。したがって、これによって仮説が真理として実証されるわけではないのである。

それにもかかわらず、多くの米国経営学者は、これによって命題が実証されたと考える人が意外に多い。それは誤りであり、実証主義的バイアスにすぎない。

(3) 経営学説史研究の危機

以上のような現代の米国経営学の実証主義的な傾向は、何を意味するのか。結局、因果命題を導くような理論的で原理的な研究が進まないということ。換言すれば、ひたすら現象だけを追って、たくさんの相関関係を見出すような研究ばかりしているのである。それゆえ、新制度派経済学の中心的理論である取引コスト理論のようなコアとなる理論をめぐる研究が進んでいないのである。

相関関係であれば、われわれは比較的面白そうな関係を簡単にたくさん見出せる。というのも、理論を学ぶことなくして、日常のふとした観察を通してそれは作り出せるからである。たとえば、「ビールの消費量が増えると経済状態が良くなる」という命題。これは因果命題ではない。逆も可能である。経済が良いから、ウイスキーの消費量が増加するのかもしれない。また、天

候が影響しているかもしれない。

　いずれにせよ。理論的な深い分析をしないで，このような単なる相関関係を取り上げ，直に回帰分析を行う。そして，検定が有意であれば，OK という状態なのだ。たしかに，相関関係は内容的には非常に面白いが，因果的な方向性のない，その場限りのものがほとんどである。その背後に必要な被覆法則がなく，現象に囚われているにすぎない。しかし，現象は変化しやすいので，そのような相関関係は直ぐに役に立たなくなるという帰結が常に待っている。

　こういった研究が長く展開されていると，一体何が起こるのか。経営学分野からはビッグ・アイディアが出てこないという危機的な状態が生まれるのである。この傾向は，実は実証経営学のはしりとなったコンティンジェンシー・セオリーが絶頂を迎えていた1970年代からすでにはじまっていたのである。

　幸運にも，1980年代にマイケル・ポーターが登場し，経営学説となるような競争戦略論を展開してくれ，その後，資源ベース論，そして現在はダイナミック・ケイパビリティ（Teece 2009）というビッグ・アイディアが出現したので，何とか経営学説研究は生き延びたといえるだろう。

　しかし，その後が続いていない。何も登場していないのである。まさに，経営学説研究者にとって，研究対象となる最新の学説がなくなるという危機を迎えつつあるといえるだろう。小ネタばかりの現象論的な議論ばかりである。かつて，クーンツ＝オドンネルは経営学の状態を「マネージメント・セオリー・ジャングル」といったが，いまは「マネージメント・ステイトメント・ジャングル」の時代なのである。

IV. 新制度派経済学の発展のために

1. 批判的合理主義の科学の境界設定基準

　ではどうすべきか。その方向性を見出すには，論理整合的な科学観に立ち返る必要がある。実は，米国経営学の背後にあるのは，すでに論理的に破綻したといわれている論理実証主義の科学観であるように思える。ここでは，

それを批判して現われたK．R．ポパーの批判的合理主義について説明してみたい。その上で，何をなすべきかを考えてみたい。

　ポパーの批判的合理主義は，以下のように論理実証主義の「帰納法」と「実証的方法」を批判し，「演繹法」と「批判的方法」を科学的方法の基礎とする科学観であり，「実証可能性」ではなく，「反証可能性」を科学の境界設定基準とする科学観でもある。

　⒜　反帰納主義：論理実証主義が科学的発見の論理として提案した帰納法とは，多くの観察から一般理論を導きだす方法である。しかし，観察をどれだけ多くしても，そこから一般理論あるいは普遍言明は論理的に導出されない。例えば，100羽の黒いカラスを観察しても，そこから「すべてのカラスは黒い」という普遍言明は帰納論理的に導出されない。というのも，常に101羽目のカラスは白いかもしれないという論理的可能性は残るからである。それゆえ，観察から普遍言明を導出するためには論理の飛躍が必要となり，この意味で帰納法は真なる論理とはいえない。さらに，観察から出発して理論へという帰納的方向すらない。というのも，どんな観察も，何らかの観点や理論のもとに選択されているのであって，この観点や理論なくして同じ実験や観察を繰り返すことはできないからである。

　⒝　反実証主義：また，論理実証主義が提案する実証的方法も論理的に不可能である。「すべてのカラスは黒い」という単純な普遍言明ですら，完全に真として経験的に実証することはできない。というのも，普遍言明からは無数の予測言明が導出されるので，普遍言明を真として実証するためには，これら無数の言明すべてを検証しなければならないからである。したがって，実証的方法も科学的方法とみなすことはできない。すべての理論言明は，仮説的な性格をもつ。

　⒞　反証主義・演繹主義：しかし，普遍言明は演繹論理にもとづいて反証することは論理的に可能である。例えば，「すべてのカラスは黒い」という普遍言明は，有限な白いカラスをみいだすことによって論理的に反証されうる。それゆえ，科学的知識の特徴は反証可能性であるということ，つまり演繹論理にもとづく反証可能なあるいは批判的にテスト可能な理論だけが科学的と呼ぶにふさわしいといえる。

(d) 反証可能性：反証可能な理論とは，誤った理論という意味ではない。反証可能な言明とは，何らかの事象の生起を禁止する内容をもつ言明に還元できる言明である。たとえば，「出来高賃金制にもとづく企業の生産性は高い」という言明は，「出来高賃金制にもとづく生産性の低い企業は存在しない」という禁止的内容をもつ言明に還元できる。それゆえ，この理論を反証するために，実際に出来高賃金制を採用したにもかかわらず，生産性が逆に低下した企業を探そうとするだろう。

(e) 経験的内容：このように，ある言明の禁止的内容が多ければ多いほど，つまり反証可能性の度合が高ければ高いほど，それだけ経験についてより多くのことを語っていることになるので，その理論の経験的内容は多いといえる。これに対して，「出来高賃金制に従う企業の生産性は高い場合もあるし，低い場合もある」という言明は，どんな事象の生起も禁止していないので，この言明を反証することはできない。つまり，すべての事象の生起について語り，何も禁止していないということは，実は経験について何も語っていないことに等しく，その経験的内容はゼロとなる。それゆえ，このような言明は非経験科学的となる。

2. 批判的合理主義の科学方法論

以上のように，もし反証可能性が科学の境界設定基準であり，理論の経験的内容が反証可能性の度合に依存するとすれば，科学的方法は以下のような知識の取り扱い方あるいは手続きとなる[7]。

(a) もし反証可能性を科学の境界設定基準として受け入れるならば，科学者は理論を反証可能なものとして扱い，理論を積極的に批判的に議論しなければならない。

(b) もし提出された理論が批判的にテストされ，テストに耐えるならば，その理論は真としてではなく，未だそれを放棄するいかなる合理的理由もないという意味で，その理論は暫定的に容認されうるにすぎない。

(c) しかし，もしその理論が批判的テストによって反証されるならば，科学者はその反証事例をも説明しうるより説明力のある理論を探求するように努力する必要がある。そして，もしより説明力のある理論が発見され，その

理論が選択されるならば、そこに科学の認識進歩が達成され、これによって科学的知識は成長することになる。

(d) これが、科学と呼ぶにふさわしい合理的活動であり、それゆえ科学の目的は真理獲得ではなく、批判的議論にもとづく真理接近、認識進歩、そして知識成長であるといえる。

この科学的知識の成長を図を用いて説明すれば、図1となる。すなわち、もし後続する新しい理論 T_2 が先行する古い理論 T_1 の成功した領域のみならず失敗した領域をも成功的に説明し、しかも新しい予測にもとづいて批判的テストにクリアーするならば、理論 T_1 から理論 T_2 への移行は認識進歩であり、知識の成長であるといえる。

図1　科学的知識の成長

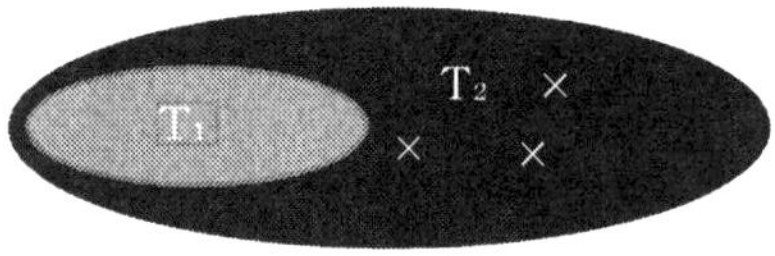

×：反証事例

3．取引コスト理論の反証可能性を高めるために

さて、この反証可能性にこだわっていたのが、取引コスト理論を体系的に展開したオリバー・ウィリアムソンなのである。当時、コースの取引コスト理論をめぐって、それがトートロジーではないかという議論がでていた。

もし市場での取引コストが組織内の取引コストよりも大きい場合には組織が選択され、逆に組織内取引コストが市場での取引コストよりも大きい場合には市場取引が選択されるというコースの主張はトートロジーであり、経験的にテストする前から論理的に正しいということ、それゆえ、コースの議論は経験的にテストする意味がなく、反証不可能であり、したがって経験的な意味を持たないのではないかという議論が展開されていた。

この批判をかわすために、取引コスト理論をより具体的に発展させ、経験的にテスト可能な形に体系化したのが、ウィリアムソンであり、そしてまたその弟子であるデビット・ティース（Teece 2009）であるといわれている。

まさに，ポパーの批判的合理主義的にいえば，彼らはその反証可能性を高める形で取引コスト理論を発展させたのである。そして，またその発展は経験科学としての企業理論を大きく進歩させたといえるだろう。

　ではさらに，新制度派経済学の中心理論であるこの取引コスト理論の反証可能性を高めるにはどうすればいいのか。単なる相関関係の実証研究は止めて，今日，多くの経済学者が注目しているように，一つの方向性としては行動経済学との関係を深める必要があるように思われる。今日，多くの経済学者は，理論の説明能力を高めるために，それゆえ反証可能性を高めるために，積極的にカーネマン＝トバースキー（Kahneman and Tversky 1979）によって展開されたプロスペクト理論を取り込もうとしている。知識の新結合である。

　たとえば，この行動経済学をゲーム理論に取り込もうとする行動ゲーム理論の研究[8]が積極的に進められている。また，行動経済学と「法と経済学」を結び付ける行動「法と経済学[9]」の研究も進んでいる。さらに，行動経済学とエージェンシー理論を結び付ける行動エージェンシー理論も研究[10]が進められている。そして，先に述べたように，行動経済学と所有権理論を結び付ける行動所有権理論の研究も進んでいる。

　こうした中，取引コスト理論だけが経済学者から取り残され，小ネタで満ちた経営学分野でその発展が停止している。私は，取引コスト理論もまた行動経済学に結びつけることが可能だと考え，行動取引コスト理論の研究[11]を行っている。これによって，より説明力を高めることができ，それゆえ反証可能性が高まると考える。他の日本の経営学者も米国流の安易な実証主義的な研究にとらわれることなく，ビッグ・アイディアを出すように努力するべきである。

　今日，多くの欧米の経営学者が実証研究に埋没している。このことは，見方を変えれば，日本の研究者にとって，いまビッグ・アイディアを出すチャンスがきているといっていいだろう。

V. 結　語

　以上，2年間のカリフォルニア大学バークレー校ハース・ビジネス・スクールでの留学を通して，見たこと，聞いたこと，そして考えたことをもとにして，取引コスト理論，エージェンシー理論，そして所有権理論という三つの理論から構成されている新制度派経済学の動向について説明した。一方で，エージェンシー理論と所有権理論は，今日，主に経済学者が扱い，数理化が進むとともに，今後もさらなる発展が予想される。これに対して，取引コスト理論はこれまで主に経営学者が扱ってきたが，その数理モデル化に遅れ，しかも今日その研究はいくぶん停滞している。ここでは，なぜ新制度派経済学の中心的な地位にある取引コスト理論研究が経営学分野でいくぶん進歩していないのか，それについて説明した。さらに，そのような状態が日本における経営学説研究者にとって危機的な状態であり，今後，どうすべきかについても説明した。

注
1) 最近の欧米の研究者は，自信過剰（overconfidence）や傾注（attention）という心理的な要素に注目し，それを取り込むような研究をしている。
2) 行動所有権理論はまだはじまったばかりだが，そのような研究として，例えばHart（2009）がある。
3) これについては，Popper（1959）に詳しい。
4) 実証と反証は非対称的である。反証は可能であるが，実証は不可能である。これについては，Popper（1959）に詳しい。
5) ポパーによると，われわれは普遍言明を実証できないし，言明と実在の一致も証明することはできない。単に，いまのところ暫定的に否定できないという程度でしか正当化できないとしている。これについては，Popper（1959）に詳しい。
6) ポパーの批判的合理主義の方法論の全体像については，Popper（1959, 1972）に詳しいので，参考にしてほしい。
7) ポパーの科学的方法論つまり知識の扱い方についてのより詳しい説明は，Popper（1972）に書かれている。
8) 行動ゲーム理論については，すでに多くの研究が展開されているが，例えばCamerer（2003）が非常に有名なので，参考にしてほしい。
9) 行動「法と経済学」については，例えばSunstein（2000）があるので，参考にしてほしい。
10) 行動エージェンシー理論の研究については，すでに多くの研究が展開されているが，例えば菊澤（2007）を参考にしてほしい。
11) 行動取引コスト理論の研究については，いまだほとんどなされていないが，例えば菊澤（2006

a，2006b）を参考にしてほしい。

参考文献

Alchian, A. A. (1977), *Economic Forces at Work,* Liberty Press.
Camerer, C. F. (2003), *Behavioral Game Theory,* Princeton University Press.
Coase, R. H. (1988), *The Firm, The Market, and The Law,* The University of Chicago.（宮沢健一・後藤 晃・藤垣芳文訳『企業・市場・法』東洋経済新報社，1992年。）
Demsetz, H. (1988), *Ownership, Control, and the Firm, Vol.1 of The Organization of Economic Activity,* Basil Blackwell.
Hart, O. (1995), *Firms, Contracts, and Financial Structure,* Oxford University Press.
Hart, O. (2009), "Hold-up, Asset Ownership, and Reference Points," *Quarterly Journal of Economics,* 124, pp. 267-300.
Jensen, M. C. and Meckling, W. H. (1976), "Theory of The Firm: Managerial Behavior, Agency Costs and Ownership Structure," *Journal of Financial Economics* 3, pp. 305-360.
Kahneman, D. and Tversky, A. (1979), "Prospect theory: An analysis of decision under risk," *Econometrica* 47, pp. 263-291.
菊澤研宗（2006a）「リーダーの心理会計」『ダイヤモンド・ハーバード・ビジネス・レビュー』2月号，94-108頁。
菊澤研宗（2006b）「経営者行動の心理会計分析―行動取引コスト・アプローチ」『三田商学研究』第49巻第4号，131-147頁。
菊澤研宗（2007）「コーポレート・ガバナンスの行動エージェンシー理論分析―完全利己主義vs.限定利己主義」『三田商学研究』第50巻第3号，165-179頁。
Popper, K. R. (1959), *The Logic of Scientific Discovery,* Hutchinson.（大内義一・森 博訳『科学的発見の論理（上）・（下）』恒星社厚生閣，1976年。）
Popper, K. R. (1972), *Objective Knowledge: An Evolutionary Approach,* Clarendon Press.（森 博訳『客観的知識―進化論的アプローチ―』木鐸社，1980年。）
Sunstein, C. R. (2000), *Behavioral Law and Economics,* Cambridge University Press.
Teece, D. J. (2009), *Dynamic Capabilities and Strategic Management: Organizing for Innovation and Growth,* Oxford University Press.
Williamson, O. E. (1975), *Markets and Hierarchies: Analysis and Antitrust Implication,* The Free Press.（浅沼萬理・岩崎 晃訳『市場と企業組織』日本評論社，1980年。）
Williamson, O. E. (1985), *The Economic Institutions of Capitalism: Firms, Markets, Relational Contracting,* The Free Press.
Williamson, O. E. (1996), *The Mechanisms of Governance,* Oxford University Press.

3 経営戦略論の理論的多元性と実践的含意

大 月 博 司

I. はじめに

　企業の経営戦略の本格的研究がいつ頃からなされたかについては、いろいろと議論があるところだが、理論的モデルとして進化を遂げ広がり始めたのは1980年代以降といわれる。また、企業の戦略的な問題を実践的に解決するという面では、戦略系コンサルティング会社の存在が大きな影響を与えてきた。本稿では、こうした経営戦略論について、単に歴史的に振り返りその発展の跡づけをするのではなく、その多元的な発展の必然性について検討した上で、今後の理論的発展の可能性と実践的な含意を探ることにする。
　そのためにまず、経営戦略論の発展の経緯を明らかにするとともに、研究者の存在論的かつ認識論的な立場の違いによって理論的多元性がもたらされた事由について検討を進める。そして、経営戦略論の理論的多元化のあり方と今後の方向の可能性を探っていきたい。

II. 経営戦略論の源流

　ビジネスの世界で戦略的発想が意識され始めたのは、1930年代からとみられるが、実際に体系的に戦略論として研究されるようになったのは1960年代以降である。しかし、その研究の大半は、戦略そのものが企業において存在しているという存在論的立場（実在論的）からの研究がほとんどである。換言すれば、戦略現象が既に存在していることを前提にそれを研究するという立場であり、アンソフ（Ansoff 1965）、アンドリュース（Andrews 1971）、といった戦略研究の初期を代表する研究者はいずれも、そうした立場から戦

略の策定や実施に伴う問題に取り組んだ。

　他方その後，戦略形成や創発的戦略の主張（Mintzberg 1978；1985）など，戦略が企業の活動プロセスにおいて次第に特定される，と捉える存在論的立場（唯名論的）からの議論も登場するようになった。これは，戦略現象が企業内で社会的に構成されるという視点に立脚するものであり，社会学的立場を含め，各研究者の立場の違いによって，戦略現象の議論が多様になるに至った。

　そうした中で，トレンドとして戦略研究の主流となったのは戦略実在論として戦略の機能的分析を軸とするものであった。そして戦略を独立変数として捉え，それに影響を受ける企業の経済的成果などを従属変数とした研究や，戦略を従属変数として捉え，どのような影響を受けて戦略が実現するかという研究を中心に展開された。これを別の観点からみれば，戦略を構成する要素間に規則性や因果関係があるという認識論的立場から，それを確証しようとする実証主義的立場の戦略研究が盛んになったのであり，こうした立場による研究が戦略論の主流となって発展してきたといえる。

　ところが近年，戦略現象の因果関係や規則性を否定して，戦略プロセスの説明を主とする「実践としての戦略（Strategy as practice）」（Jhonson et al. 2007）など，反実証主義的な立場からの研究も登場するようになり，戦略現象の認識の仕方はますます多様化の様相を示している。また，戦略を環境決定論的に見ること，あるいは組織自体が戦略を自ら構築する主意主義的なものと見ることも可能であり，経営戦略論の展開は多様化を避けられない状況である。

　歴史を遡れば，制約的観点を重視する戦略的思考は，バーナード（Barnard 1938）の主張した「戦略的要因」を嚆矢に，セルズニック（Selznick 1957）の「独自能力」，チャンドラー（Chandler 1962）による「組織は戦略に従う」といった命題など，後の戦略論の発展を示唆する発想が戦略論の本格的な発展以前から様々に展開されていた。そして，1960年代以降になると，伝統的な経営政策論や経営計画論の内容とは異なる戦略を軸とした，戦略的計画論，企業戦略論，戦略経営論などが展開されたのである。

　いずれにせよ，企業の経営戦略について，研究者の方法論を構成する存在

論や認識論をめぐる立場の違いによって，戦略論の理論的多元性がもたらされたことは疑いない。しかも，歴史的な発展の経緯を見れば分かるように，60年代のアメリカによる世界の政治・経済的な覇権期（企業戦略への注目），70年代における相次ぐオイルショックがもたらした混乱期（戦略的経営の登場），80年代の日本の躍進期（競争優位の戦略），ソ連邦の崩壊による市場経済の広がりを背景にした90年代におけるグローバル化とネットワーク化の進展期（資源ベースの戦略），そして21世紀における新興国の躍進と資源争奪時代の到来期（ゲーム論的戦略）など，それぞれの時代背景の下で戦略論を構成するコンセプトが次々と生まれたことは明らかである（表1参照）。

表1　戦略コンセプトの展開

〈時期〉	〈戦略コンセプト〉
～1960年まで	戦略的要因，独自能力
1960年代	SWOT分析，企業戦略，多角化戦略，成長ベクトル，シナジー，経験曲線，ドメイン・コンセンサス
1970年代	企業戦略，戦略策定，PPM，戦略的事業単位（SBU），PIMS，ビジネス・スクリーン，戦略経営，戦略形成のパターン
1980年代	競争戦略，ファイブ・フォース分析，競争優位，価値連鎖，基本戦略，見えざる資産，ダイナミックな戦略適合，ステイクホルダー・アプローチ，隔離メカニズム，創発戦略，戦略クラフティング
1990年代	コア・コンピタンス，戦略意図，RBV，VRIO，持続的競争優位，コア能力，コア能力の硬直，コーペティション，ダイナミック能力（DC）
21世紀～	実践としての戦略，戦略サファリ，ブルーオーシャン戦略，共有価値創造

さらにまた，戦略系コンサルティング会社が経営戦略の理論的発展に照応してその存在感を増していったのも事実である。F．テーラーとその弟子たちが，科学的管理法を広めることで経営コンサルティング業の有用性を実証したように，ビジネスの現場におけるコンサルティング会社への期待は20世紀当初から認知され，1926年にJ．マッキンゼーが創立したマッキンゼー・アンド・カンパニーなどをはじめ，その歴史は古い。しかし，経営戦略の分野に限っていえば，1963年に，B．ヘンダーソンが設立したボストン・コンサルティング・グループ（BCG）によって70年代に開発されたPPMモデル（BCGマトリックスとも称される）の影響が大きい。

これは，経験曲線と製品ライフサイクルという必ずしも検証されていない

仮説を前提としたモデルだが，限られた経営資源の有効活用に関してビジネスの現場で実践的に使える枠組みを提供した，という意味で経営戦略論の発展に大きな影響を与えたのである。現在，大半の経営戦略のテキストでPPMが基本的なテーマの一つになっていることからも，その影響を推し量ることができよう。

III．経営戦略論の発展

1．発展経緯

既述のように，アンソフによる『企業戦略論』の発刊以降，70年代になるとアンドリュースをはじめ，戦略をいかに作るかという戦略策定の解明が中心となる文献が相次いで出版された。そしてさらに，米国大企業の経営史をベースとしたチャンドラーの「組織は戦略に従う」という戦略と組織の関係図式の有効性を経験的に実証する研究（Rumelt 1974）も出版され，全社レベルの多角化戦略に主たる関心が集まった。

しかもこの時期に，BCGによってPPMモデルが創出されると，それが瞬く間に企業の多角化事業を有効に展開する方策を示唆する有効なツールとして認識・活用されるようになり，戦略系コンサルティング会社の存在感がビジネスの世界で増し，経営戦略の理論的裏付けと実践応用の可能性が実感されるに至った。

80年代に入ると，ポーター（Porter 1980；1985）が業界構造分析をベースとした競争優位の戦略モデルを提案し，従来の経験則による規範的な見方と異なり，企業の活動（activity）をベースにした理論的枠組みを提示した上で，ファイブ・フォース（five forces）や価値連鎖（value chain）などの新しい分析ツールが画期的なものとして紹介された。その後，理論的裏づけのあるポーターの戦略モデルは広く活用されるとともに支持者が広がり，その特徴からやがて，戦略のポジショニング学派と称されるようになった。

しかし70年代後半から80年代は，日本の家電メーカー，自動車メーカーなどの躍進が欧米で顕著になり，欧米とは異なる日本的経営システムの存在が注目された時期でもある。その間，日本企業成功の秘訣が日本的経営システ

ムにあるかどうかについて，欧米の研究者を中心に広く議論を呼んだ。そして，日本の経営システムが徹底的に研究された結果，『Ｚ理論』(Ouchi 1981)など欧米とは異なる日本的経営システムの有効性と限界が明らかにされる一方，『エクセレント・カンパニー』(Peters and Waterman 1982) の軸となった共有価値の重要性が再認識され，企業の独自性を表す企業文化の存在とその形成・変化と経営戦略の関わりが議論されるようになった。

当時，わが国でもコンティンジェンシー・アプローチによる日本企業の実証研究が本格的に始まり，戦略論分野では伊丹(1980)が，日本企業の「見えざる資産」に着目した独自の体系的な戦略論を展開した。こうした時代背景のもと，ポーターの強力な戦略モデルにも資源ベースの観点から批判が出始め，さらに戦略の文化や学習アプローチの登場によって，戦略研究はますます盛んになったのである。これは，企業を取り巻く時代のコンテクスト・環境の変化が既存の戦略モデルの限界を露呈させた結果といえよう。

さらに90年代になると，ポーターによる環境分析や業界分析を重視するアウトサイド・インの発想でなく，伊丹などの影響を受けた企業の独自能力や模倣困難性などインサイド・アウトの発想の重要性が認識され，バーニー(Barney 1991)を代表とする資源ベース（RBV）の戦略論として，ポジショニング学派の対抗勢力が形成され新たな潮流が確立され始めた。

そうした中で，コア・コンピタンス(Hamel and Prahalad 1994)の重要性がビジネスの現場で広く認識されるようになる一方，ポジショニング学派とRBV学派で多くの学者を巻き込んで論争が起こるなど，戦略論の研究はますます注目を浴びることになった。この論争のなかで，両学派は対立的な見方でなく相互補完的な見方であることが明らかにされたが，競争均衡をめぐる前提などで異なる点もあり，実際に関係がどうかはまだ不透明なままである。

いずれにせよ，経営戦略論の発展は，特に80年代以降勢いを増したが，方法論上の存在論や認識論を異にする研究者によって戦略現象の研究が進められたため，戦略研究は極めて多元的な状況の様相を示すことになったのである。そのため次第に，活動ベースの戦略論，資源ベースの戦略論，ルーティンベースの戦略論など，整理・区分けが試みられたが，もっとも有名になっ

たのは「戦略サファリ」(Mintzberg et al. 1998) である。これは，60年代に管理論の世界で指摘された「マネジメント・セオリー・ジャングル」を思い起こさせるものであり，戦略論の現状を見事に描いている。

2．経営戦略論発展の意義と限界

ポーターの登場以降，経営戦略の研究が飛躍的に発展したが，既に60年代からいろいろと研究されていたのも事実である。そうした歴史的発展の中で，1980年にはアンソフも編集に加わった学術誌のSMJ (Strategic Management Journal) が創刊され，戦略分野に特化した研究発表の場が整備されることになったのは象徴的である。それゆえ80年代は，学術的に経営戦略論が発展するターニングポイントだったといえるが，それは70年代までの規範的な戦略論に対して，規範的でない理論的分析と実践的応用の可能性が広がるとともに，SMJをはじめ経営戦略研究の舞台が整ったからである。

しかしその後，戦略を構成する要因の特定化が進み，一方で理論的発展があったにもかかわらず，他方で，対象領域が企業環境や業界構造など企業の外部に偏っていることから，ポーター・モデルの限界も指摘されるようになった。そこで注目されたのが，RBVによる持続的競争優位のモデルである。これは，企業環境よりも企業組織の中に競争優位性の源泉があることを主張したものであり，戦略によって競争優位性を確保する際に取り得る手段をロジカルに展開できる特徴を有している。

経営戦略の理論モデルについて多様な見解が生じるのは，以上のように，たとえば競争優位について別の角度から分析することによってであり，この傾向は戦略論を発展させる上できわめて有意義といえる。だがその結果，戦略モデルがあまりにも多様化してしまうと，元来，モデル構築の仮設が異なるものであるが故に，論者間で議論が進まなくなり，戦略論の発展を阻害するというパラドックス現象が生じてしまう。

経営戦略論として今日までに展開された議論内容は，規範的と記述的，戦略の策定と形成，戦略のレベルとプロセス，静的側面と動的側面，アウトサイド・インとインサイド・アウト，独立変数あるいは従属変数としての戦略，経済的成果と社会的成果との関係など多様である。しかしこれらは，戦略現

象のどこに焦点が置かれた分析かという点で，時代背景を反映しているものだが，いずれも戦略現象の一部を対象とした議論にすぎない。このことから，論者間の立場の違いが鮮明にでてくるとともに，それぞれの主張から戦略の全体像が見通せないという限界が明らかとなる。

とはいえ，理論面・実践面において多様な見方が展開され，戦略論の世界が広がったことは疑いない。だが，その結果醸成されたのが「戦略サファリ」状況では，研究の発展による恩恵を得るのが容易でなくなる。ミンツバーグ等（1998）は，そうした状況では，新たに「コンフィギュレーション」の発想によってのみ，多様化・多元化した戦略論の混乱を統合する可能性があることを主張した。だがそれでも，社会的価値の観点が欠如しているなど，それで全ての理論を統合することは不可能であり，経営戦略論は，依然として多元的状況の問題点を克服するに至っていない，といえるのである。

かつてR．フリーマン（Freeman 1984）がステイクホルダー・アプローチによる戦略経営を提案した時，ほとんどの戦略研究者から無視されたのはなぜなのだろうか。その点についてフリーマンは，戦略を考える上で株主以外のステイクホルダーの視点を取り入れることに当時としてはラディカルすぎる考え方であると思われたようだ，と2010年版の序文で述べている。戦略的思考においてステイクホルダーの視点を取り入れることは，分析単位をより関係性の観点からみることになるため，ステイクホルダー・アプローチでは，経済と社会，企業と非企業を分けない。ここに，アンソフやポーターをはじめとする戦略研究を主導してきた人たちとの違いがあり，フリーマンの考え方が受け入れられなかった理由があるようだ。

また近年，ヨーロッパ中心に盛んな実践としての戦略論は，関係者らの学会での議論をきっかけに2003年にJMS（Journal of Management）で特集号が組まれたときに離陸したものであり，戦略のプロセス研究を足がかりとした戦略研究の新しい風といえる。これは，従来のプロセス志向の創発的戦略や個別事例に着目した研究とは異なり，①経営者の戦略策定活動，②標準的な戦略ツールの役割，に焦点を当てて戦略の形成・実施の記述を図り，従来の研究で説明がつかない戦略現象のプロセスを解明しようとするものである。

こうした全く新しい視点による研究アプローチの登場によって，ますます戦略研究が活況を呈しているように見えるが，そこでは戦略現象を分断化した探求が試みられるため，それがかえって戦略サファリの状況をますます混迷させ，戦略現象の全体像を捉える統合的な戦略研究のあり方を問わざるを得ない，というのが現状といえる。

IV．社会性の復活による経営戦略論のあり方

戦略研究のあり方に関して，80年代から前述のフリーマンが指摘したように，社会性やステイクホルダーの観点の戦略論が展開されたことがある。にもかかわらず，その後それが実際に発展しなかったのは，特に米国において80年代以降の新自由主義の影響の下で，企業によるいかなる社会的慈善的活動もそれは本来企業が取り組むべきものではない，という意識が強くなったからである（岡田 2012）。また別の観点からいえば，一般に戦略研究において重要な従属変数として挙げられてきたのは経済的成果だが，その場合，どのようにしたらそれを達成できるかにのみ焦点が当てられ，経済的成果にネガティブな影響を与えかねないステイクホルダー重視の発想は，ビジネスの世界で受け入れ難いものだったからである。

基本的にステイクホルダー・アプローチは，株主以外の利害関係者にも経営者は責務を負うという立場であり，関係性を重視する組織学習や資源依存のコンセプトと整合性が高い。そして，戦略研究の主流派の多くがステイクホルダーという用語を直接使用していないが，実際上，彼らのアイディアはステイクホルダー・アプローチと違和感がない。たとえば，ポーターのファイブ・フォース分析における顧客や供給業者といった脅威の対象は，まさにステイクホルダーに他ならないからである。

以上の点から，戦略のステイクホルダー・アプローチの有効性についてポーターをはじめとする主流派の戦略論者に強く認識させるには，社会性と経済的成果との関わりを理論的かつ実証的に示すことが必須だ，ということが想定される。

ところで，組織化（organizing）の研究（Weick 1979）をはじめ，組織論

分野では近年，解釈主義的分析や社会構成主義的分析による研究成果の蓄積とその影響によって，それ以前の構造分析の研究志向からプロセス研究志向へのシフトが徐々に見られるようになったが，戦略論の研究も同じような筋道を辿りつつある。こうした新しい研究動向は，戦略を策定し実行する組織自体をないがしろにしてきたことへの反省からともいえ，戦略論においては，戦略が生み出されるプロセスへの関心が高まったのである。

その結果，戦略の実践とともに戦略の社会性にも関心が向けられ，戦略は組織目標達成に向けられた活動であっても，経営者をはじめ多様な行為主体間での相互行為によって実現される社会的実践のプロセスに他ならない，と見なされる傾向が強まった。そして戦略そのものより，戦略が組織においてどのように生成するのか，つまり組織における戦略の実現プロセスである戦略化（strategizing）が研究対象とされるに至っている（大月 2007）。その結果今や，戦略の妥当性と正当性をめぐって展開される組織内の活動が，組織の実践や制度的環境の中にどのように埋め込まれるのか，そのメカニズムの解明が待たれるのである。

現代社会の問題として広く認識されているのは，経済的成果・効率性の追求と社会的成果・進歩の追求との間に成立するトレード・オフ関係である。つまり，経済的成果・効率を追求すればするほど，無駄の排除を伴い，社会的ゆとりといった成果が排除されることになる。そうだとすれば，そうした流れについていけない人々，とりわけ社会的弱者にとっては経済的成果達成の恩恵を受けるのが困難になり，社会的な格差がますます広がってしまう。このことは，社会の一体感を喪失することにつながり，人々のつながりから構成される社会の進歩・発展は阻害される。一方，社会の一体感を強化して，人々が精神的にも充実感を得られるような社会に進歩するには，十分にコストと時間を費やすことが必要である。しかしそうすれば，効率性アップを軸とした経済的成果の確保は難しくなってしまう。

こうした経済的成果の追求と社会的成果の追求の間にみられるトレード・オフ関係が避けられない状況の中で，市場経済を軸とする多くの国において政策決定は，基本的に，社会の進歩を阻害しても経済効率の追求を優先するというのが前提である。その結果，市場経済下の企業は，当然のごとく，経

済的成果の確保を最優先とする戦略行動を模索し，その共通目的は株主価値の最大化とされる。

しかし日本の1990年代初めの不動産バブル崩壊，アメリカにおける2000年のITバブル崩壊，2008年のリーマンショックなど，ほぼ10年単位で市場経済は混乱に遭遇して，市場経済万能説に対して懐疑の目も向けられるようになった。もっとも，「見えざる手」の経済から「見える手」の経済に移行してきたという捉え方（Chandler 1977）からすれば，そうした市場経済混乱の原因は，市場をコントロールする企業経営のあり方に求められる。

かつて，今日ほど企業間の競争が熾烈を極めていない時期，とりわけ市場規模が拡大基調の時期において，企業は製品・サービスを産出すれば必ず成果を得ることができた。それは，供給以上に需要が多い市場が存在する状況だったからである。しかし，技術革新等でますます効率的に製品・サービスの産出が可能になると供給過多の世界になり，いかにしたら製品・サービスを売ることができるか，しかもライバル他社との競争の中でいかにして売り上げを伸ばすかが喫緊の問題となったのである。そこで求められたのが，川上から川下までの一連の企業活動における「価値連鎖分析」であり，それをベースに引き出す競争優位の戦略である。しかも，競争がますます激化するなかで，競争優位をいかに確保して持続するかが最重要課題となり，これを解決すべく戦略のコンセプト，分析ツールが次々と創出されてきたといえる。

しかし近年，ポーターとクラマー（Porter and Kramer 2011）は，企業にとって社会的価値を創出することが結果的に経済的価値の実現につながるという考えを前提とした「共通価値の創出（Creating shared value）」の必要性を主張している。これは，企業が社会のニーズや問題に取り組むことで社会的価値を創出し，結果として経済的価値（成果）を獲得するというアプローチである。企業本来の目的は単なる利益追求でなく共有価値の創造であるという観点から，企業は市場経済における喫緊の課題に対して個別のCSR活動や慈善活動でなく，共有価値の創出を目指して本来の事業活動に取り組めば，グローバル化やネットワーク化が進展した市場経済社会においても，新たなイノベーションの創出と経済的成果・効率の向上がもたらされる，というのである。はたして本当だろうか。

現代企業が抱える主要な問題点は，四半期決算の導入により短期的な業績を重視する点，企業価値について株主価値という伝統的な考え方に囚われすぎている点，社会との結び付きが企業にとって中心的課題でない点，ステイクホルダーの範囲を狭く捉える点などである。そのため，企業の事業活動を社会的側面に結び付けて，より長期的な視点で企業が戦略的に行動すべきであるということに異論はなく，自社の競争力につながる効果の大きい社会的活動ができれば，社会と共有できる価値を生み出す可能性がないとはいえない。社会性の視点を取り込むことによって，経営戦略のあり方を同定化する道筋が見えてきたようだ。

Ⅴ．結び：理論的多元性の実践的含意

本稿では，経営戦略論が発展する中で，① 当該研究が多元化されてきたのはなぜか，② 戦略論の発展に戦略系コンサルティング会社が絡んできたのはなぜか，③ ステイクホルダーとの関わり方が重視されるように変化したのはなぜか，という問題意識のもと，歴史的な発展を振り返りながらその理由を探ってきた。その結果明らかになったのは，戦略研究の多元化が進んだのは，戦略現象の捉え方について論者間でその前提となる存在論と認識論が大いに異なっているためである。また，戦略系コンサルティング会社との関わりについては，戦略論が理論的に発展する以前から，現場の問題解決の要請に応えることが可能な分析ツール，代表的には経験曲線の発見とそれをベースとするPPMモデル（BCGマトリックス）の開発など，実践応用に優れた実績をもたらした実績からである。

さらに，ステイクホルダーとの関りの変化については，80年代以降その重要性は既に認識されていたにもかかわらず，競争優位を図るためのファイブ・フォース分析では，その一部が脅威要因として可能な限り避けたい対象とされたのである。だが近年，企業と社会との関係がより厳しい関係になるにつれ，ステイクホルダーとの関係は，CSRとの議論も絡めて，相互作用するものとして存在論的に捉えることのコンセンサスが出来つつある。そうした中で，「共有価値の創出」といったステイクホルダーとの関係をポジティブに捉

える主張が展開され，経済的成果を第一義とする戦略の基本的な考え方が問われ始めたのである。

これは，20世紀後半からグローバル化やネットワーク化が進展して，伝統的な企業や業界の境界線がますます不透明になったが故，ドメインの設定，競争状況の特定化など，企業の主意主義的な行為が通用しなくなったという状況変化のためといえよう。そして，それを克服するには，企業経営を支えるステイクホルダーとの関係を脅威の削減という形で断ち切るより，その関係性を維持・活用する方が有効である，と想定される。つまり，ステイクホルダーに対して，企業がネガティブでなくポジティブな対応を求められるのは，相互作用を期待する時代環境に応じるためである。

経営戦略の理論的多元化は目覚ましいものがある一方，各アプローチが研究対象を絞り込む傾向にあり，戦略現象を部分的に理解できても，戦略の全体像とズレの生じてしまうことが多々ある。つまり，企業（全社）戦略から事業戦略，製品戦略など，戦略レベルとその内容を異にした経営戦略の理論的多元化の結果，理論的整合性が欠けてしまい，また理論から提示される実践的含意も全ての戦略側面で有効とは限らない。その結果，経営戦略の部分最適と全体最適の同時実現がますます困難になり，むしろ理論的にも実践的にも，各戦略モデルの限界がより明確になったのである。社会性の問題を含め，経営戦略の理論的多元化に伴うこうした限界をいかに克服していくかが今後の課題である。

注
* 本稿は科学研究費基盤研究（C）（課題番号25380484）による研究成果の一部である。
1）本稿において経営戦略は，戦略論に関わる歴史を踏まえた論旨展開をするため，特定のレベルの戦略でなく，企業全体の成長や発展に関わる企業戦略レベルの議論と，企業内の事業ごとの戦略を表す事業戦略レベルの議論を含んだものとして捉えている。
2）マッキンゼーやボストン・コンサルティング・グループのような主要な戦略系コンサルティング会社の興隆についてはキーチェル（2010）が詳しい。
3）研究者の認識方法，研究方法は一様でないため，同じ戦略現象を対象としても，研究者間で見え方が異なるのは致し方ない。その場合，議論がかみ合わないことになる。バレルとモーガン（Burrel and Morgan 1979）は，社会現象を解明する際，研究対象のあり方を問う存在論を前提に，それをいかに捉えるかという認識論，そしてどのように研究を進めるかの方法論，という観点でまとめている。ミールとワトソン（Mir and Watson 2000）は，戦略研究における定量・定性分析といった調査技法である「方法（method）」と，研究の「方法論（methodology）」の区別が必要であると指摘している。

4) 結果的に，ポジショニング学派とRBVは相対立するものでなく，競争優位のロジックを構築する上で相補的な考えであると見なされるようになった。詳しくは岡田（2001）を参照。

参考文献

Andrews, K. (1971), *The Concepts of Corporate Strategy,* Dow-Jones-Irwin.（山田一郎訳『経営戦略論』産業能率短期大学出版部，1976年。）

Ansoff, H. I. (1965), *Corporate Strategy : Analytic Approach to Business Policy for Growth and Expansion,* McGraw-Hill.（広田寿亮訳『企業戦略論』産業能率短期大学出版部，1969年。）

Barnard, C. I. (1938), *The Functions of the Executive,* Harvard University Press.（山本安次郎・田杉 競・飯野春樹訳『新訳 経営者の役割』ダイヤモンド社，1968年。）

Barney, J. B. (1991), "Firm resources and sustained competitive advantage," *Journal of Management,* Vol. 17, pp. 99-120.

Brandenburger, A. M. and Nalebuff, B. J. (1996), *Co-opetition,* Currency.（嶋津祐一・東田啓作訳『コーペティション経営』日本経済新聞社，1997年。）

Burrel, G. and Morgan, G. (1979), *Sociological Paradigms and Organizational Analysis,* Hinemann.（鎌田伸一・金井一頼・野中郁次郎訳『組織理論のパラダイム』千倉書房，1986年。）

Chandler, A. D. Jr. (1962), *Strategy and Structure : Chapters in the History of the American Industrial Enterprise,* The MIT Press.（有賀裕子訳『組織は戦略に従う』ダイヤモンド社，2004年。）

Chandler, A. D. Jr. (1977), *Visible Hand : The Managerial Revolution in American Business,* The Belknap Press.（鳥羽欽一郎・小林袈裟治訳『経営者の時代：アメリカ産業における近代企業の成立』東洋経済新報社，1979年。）

Johnson, G., Langley, A., Melin, L. and Whittington, R. (2007), *Strategy as Practice : Research Directions and Resources,* Cambridge University Press.（高橋正泰監訳『実践としての戦略：新たなパースペクティブの展開』文眞堂，2012年。）

Freeman, R. E. (1984), *Strategic Management : A Stakeholder Approach,* Pitman.

Hamel, G. and Prahalad, C. K. (1994), *Competing for the Future,* Harvard Business School Press.（一條和生訳『コア・コンピタンス経営』日本経済新聞社，1995年。）

伊丹敬之（1980），『経営戦略の論理』日本経済新聞社。

Kiechel III, W. (2010), *The Lords of Strategy,* Harvard Business School Press.（藤井清美訳『経営戦略の巨人たち』日本経済新聞社，2010年。）

Kim, W. C. and Mauborgne, R. (2005), *Blue Ocean Strategy : How to Create Uncontested Market Space and Make Competition Irrelevant,* Harvard Business Review Press.（有賀裕子訳『ブルーオーシャン戦略』ランダムハウス講談社，2005年。）

Leonard-Barton, D. (1992), "Core capabilities and core rigidities : A paradox in managing new product development," *Strategic Management Journal,* Vol. 13, pp. 111-126.

Mintzberg, H. (1978), "Pattern in strategy formation," *Management Science,* Vol. 24, pp. 934-948.

Mintzberg, H. and Waters, J. A. (1985), "Of Strategies, Deliberate and Emergent," *Strategic Management Journal,* Vol. 6, pp. 257-272.

Mintzberg, H., Ahlstrand, B. W. and Lampel, J. (1998), *Strategy Safari : A Guide Tour through the Wilds of Strategic Management,* The Free Press.（齋藤嘉則監訳『戦略サファリ：戦略マネジメント・ガイドブック』東洋経済新報社，1999年。）

Mir, R. and Watson, A. (2000), "Strategic Management and the Philosophy of Sceince: The Case of a Constructivist Methodology," *Strategic Management Journal*, Vol. 21, pp. 941-953.

岡田正大（2001），「ポーター VS バーニー論争の構図：RBVの可能性」『DIAMONDハーバード・ビジネス・レビュー』5月号，88-92頁。

岡田正大（2012），「戦略理論の体系と「共有価値」概念がもたらす理論的影響について」『慶應経営論集』第23巻第1号，121-139頁。

大月博司（2007），「組織変革をめぐる戦略化の諸問題」『経営戦略研究』第5号，3-13頁。

Ouchi, W. G. (1982), *The Theory Z : How American Business can meet the Japanese Challenge*, Addison-Wesley.（徳山二郎監訳『セオリーZ：日本に学び日本を超える』CBSソニー出版，1981年。）

Peters, T. J. and Waterman, R. H. (1981), *In Search of Excellence*, Harper & Row.（大前研一訳『エクセレント・カンパニー：超優良企業の条件』講談社，1983年。）

Porter, M. E. (1980), *Competitive Strategy: Techniques for Analyzing Industries and Competition*, Free Press.（土岐 坤・中辻萬治・服部照夫訳『競争の戦略』ダイヤモンド社，1982年。）

Porter, M. E. (1985), *Competitive Advantage: Creating and Sustaining Superior Performance*, Free Press.（土岐 坤・中辻萬治・小野寺武夫訳『競争優位の戦略』ダイヤモンド社，1985年。）

Porter, M. E. and Kramer, M. R. (2011), "Creating shared value: How to reinvent capitalism and unleash a wave of innovation and growth," *Harvard Business Review*, Jan.-Feb., pp. 62-77.

Rumelt, R. P. (1974), *Strategy, Structure and Economic Performance*, Harvard University Press.（鳥羽欽一郎・山田正喜子・川辺信雄・熊沢 孝訳『多角化戦略と経済成果』東洋経済新報社，1977年。）

Selznick, P. (1957), *Leadership in Administration: Sociological Interpretation*, Harper & Row.

Teece, D. J., Pisano, G. A. and Shuen, A. (1997), "Dynamic capabilities and strategic management," *Strategic Management Journal*, Vol. 18, pp. 509-533.

Weick, K. E. (1979), *The Social Psychology of Organizing* (2nd ed.), Addison-Wesley.（遠田雄志訳『組織化の社会心理学』文眞堂，1997年。）

4　状況適合理論から組織化の進化論へ

岸　田　民　樹

　本章の構成は以下のとおりである。第1に，Open & 合理的モデル（環境→組織→人間という因果関係をもつパラダイム）に基づく状況適合理論（環境―組織―業績＝EOP パラダイム）は，環境決定論であるという批判を受けた。これに対して，状況適合理論は，Chandler に依拠して戦略変数を導入し，SSP（戦略―組織構造―業績）パラダイムを展開した。したがって，EOP パラダイムと SSP パラダイムを統合した ESOP パラダイムが，状況適合理論の帰結である。ただし，戦略変数は，状況変数の優先順位を決める選択の問題であり，状況変数ではない。しかも，戦略変数を導入しても，その因果関係は，環境→戦略→組織（構造→過程）⇒業績であり，環境決定論であることを免れえない。第2に，状況適合理論と正反対の因果関係（人間→組織→環境）をもつ Open & 自然体系モデルに基づく組織化の進化論を紹介し，そこでの実現環境と，状況適合理論における課業環境の不確実性との関係を明らかにする。ここに実現環境とは，多義性の把持と除去によって生じる一義性（1つの意味の生成）である。たとえば，Y という1つのアウトプットに対して，それをもたらすインプット X が複数あることが多義性（の把持）であり，1つのインプットを確定して，因果関係を特定するのが多義性の除去である。こうして生じた因果関係が実現環境である。この一義的な因果関係の原因と結果の生起する確率が不確実性である。第3に，上の理解に基づいて，統合のための方法には，因果関係の循環による統合＝経時的統合と，正反対の因果関係を含む一次元上の包括性を示す階層による統合＝共時的統合（e. g. 正反対の性質をもつ実数と虚数は，両者を含む「数」として統合される）の2つがあることを論じる。さらに，この2つの「統合」を3次元で示すことによって，組織革新のプロセスが示される。

I. 状況適合理論の生成と展開

1. 状況適合理論の生成

アメリカの研究者は，Woodward (1965) の研究に触発されて，1966年および1967年に学会を開き，ここに「状況適合理論」的研究が一斉に展開された (Perrow 1993)。状況適合理論は，組織の環境適応という視点をもたらし，Open Systems Approach に基づいて「環境と組織の適合が高業績をもたらす」と主張した。こうして ① 内部環境たる技術と組織構造 (Woodward, Perrow)，② 課業環境と組織課程 (Lawrence, Lorsch)，③ 課業と組織デザイン (Thompson, Galbraith) の3つの領域で，それぞれ状況要因と組織（構造と過程）の関係が分析された。

状況適合理論の意義は，次の3つにまとめることができる。第1に，状況適合理論は，Open＆合理的モデルに基づく理論であり，環境→組織→人間という因果関係をもつ。また，環境と組織の適合が高業績をもたらすという主張は，E－O－Pパラダイムである。ただし，環境から組織への影響を重視するので，環境決定論であると批判された。

第2に，状況適合理論の鍵概念は「適合」であり，結果として，複数の状況要因と組織構造および組織過程の全体的な適合のパターン（多元的適合）が高業績をもたらすと主張された。

したがってここでは第3に，1つの適合状態から次の適合状態への移行は，不連続で段階的なものになる（発展段階モデル）。ここでの基本的な組織編成原理は，タテの分業（階層）に基づくライン組織（構造上集権的で管理上分権的）とヨコの分業（専門化）に基づくファンクショナル組織（構造上分権的で管理上集権的）である。両者の統合がライン＆スタッフ組織であり，その職能部門化が集権的職能部門制組織，事業部をライン＆スタッフ組織で編成したのが分権的事業部制組織である。この両者の統合がマトリックス組織（集権的かつ分権的組織）である。総じて，状況適合理論では，複雑で動態的な環境では，集権的かつ分権的なマトリックス組織（職能部門制組織と事業部制組織の統合）という新しい二元的な組織形態が，適切であるとされてい

る。近年，こうした二重性をもつ組織として，F/B組織（多元的な事業部制組織）や，二重性（Ambidextrous）組織（既存事業群と新規事業群の，統合者による調整）が盛んに論じられている。

　以上より，状況適合理論は，Open＆合理的モデルに基づくEOPパラダイムであり，環境に合わせて組織を変える（環境→組織）という組織デザインの理論である，と言うことができる。

2．状況適合理論の展開
——SSPパラダイムからESOPパラダイムへ——

　状況適合理論に対して種々の批判があるが，Open＆合理的モデルであるという性格づけによって，整理することができる。たとえば，組織に対して正反対の含意をもつ状況要因（技術と課業環境）は，一貫した組織デザインを困難にするという批判がある。こうした状況要因に優先順位をつけるのが戦略である。たとえば，技術を階層の上位で処理する組織デザインが，職能部門制組織であり，課業環境を階層の上位で対処するのが，事業部制組織である。状況適合理論をOpen＆合理的モデルと位置付けたことによるもっとも重要な問題は，環境決定論であるという指摘である。言い換えれば，状況適合理論と正反対の因果関係をもつOpen＆自然体系モデルとしての組織観の存在である。Child（1977）は，北米の4つの航空会社（同じ環境，同じ技術，同じ規模）を取り上げて，高業績の2社の間には，対照的な組織デザイン（一方は集権的，他方は分権的）が見られた，と述べた。

　環境決定論であるという批判を受けた状況適合理論は，1070年代の末から1980年代にかけて，Chandler以降のSSPパラダイムに注目し，戦略変数を導入して，（環境と組織ではなく）戦略と組織構造の適合が高業績をもたらすと主張した（Miles and Snow 1978；Galbraith and Nathanson 1978）。この展開をChandlerの3つの命題に沿って，整理することができる。

　第1に，「組織構造は戦略に従う」という命題は，次のように拡張された。①戦略と組織構造の適合が高業績をもたらす（Rumelt 1974）。②戦略を細分類すると，「関連事業多角化戦略」が事業部制組織の採用と相俟って高業績をもたらす（Rumelt 1974）。③戦略タイプと組織構造の組み合わせがある。

Miles and Snow (1978) は，防衛型，探索型，分析型を区別した。Jennings and Seaman (1994) は，探索型戦略と有機的組織，防衛型戦略と機械的組織の適合関係を指摘した。Galunik and Eisenhardt (1994) は，全社レベル，事業部レベル等で，それぞれ戦略と組織構造の適合が高業績をもたらすと主張した。

第2に，戦略と組織構造の発展段階モデルは，特に多国籍企業について，多くの研究が蓄積された。ここでは，海外進出の程度に沿って，戦略（国際化→多国籍化→グローバル→トランスナショナル）と，それに対応する組織構造の発展（国際事業部→世界的地域別事業部制組織→世界的製品別事業部制組織→世界的マトリックス組織）が示された。さらに Child (2000) は，独自的→共存的→支配的→統合的）という文化志向の差異を識別して，上の多国籍企業の戦略—組織構造の発展段階に，整合的に文化差を組み入れるモデルを提示した。これによって，各国の具体的な文化が何であり，それにどう対処するかではなく，文化差を認めないか，あるいはどの程度認めるかという，組織論に固有の，したがって普遍的な，「分化と統合」の問題として，扱えるようになった。

第3は，新しい戦略の採用と新しい組織構造の採用の間には，時間的ズレがあり，これが経営者のパーソナリティに起因するという命題である。この領域の研究では，新たな展開はあまりみられないが，次のような私見を提示しておきたい。不確実性への態度（リスク志向—リスク回避）と権力への態度（集権志向—分権志向）に沿って，4つのパーソナリティを識別することができる。①リスク回避＋分権的，②リスク志向＋集権的，③リスク志向＋分権的，④リスク回避＋集権的，である。Chandler (1962) で分析されている GM 社の事例を当てはめるなら，次のことが言えるであろう。①は Du Pont 社の人材を派遣したり，財政的援助を行ったりして，改革の環境を整えた P. S. Du Pont，②は垂直統合戦略や多角化戦略を通じて，GM 社の拡張を画策した創設者の Durant，③は事業部制組織への組織革新をリードした Sloan，④は Durant の無謀な拡張戦略（1908-1910）で破綻した業績の立て直しと本社への集権化を図った銀行家の Storrow，が，それぞれ環境，戦略，組織，業績の変数を，そのパーソナリティに基づいて操作した，と。

3．構造条件適合理論 (Structural Contingency Theory = SCT)

　Child (1972) の戦略的選択論に対して，同じく Aston グループの研究から生じた，状況適合理論を擁護するもう1つの理論が，Structural Contingency Theory (SCT) である (Donaldson 2001)。規模が組織構造（活動の構造化）を決定する重要な要因である。ただし，業績を決定するもっとも重要な要因は組織構造であり，状況要因は媒介要因である。②適合は高業績をもたらすが，同じ高業績であっても，規模の大きさによって異なる。すなわち，規模の大きい場合の適合の業績は，規模の小さい場合の適合より高い（適合―異業績），③組織は，業績水準の低下に反応して組織構造を変化させる（業績主導的）。こうして SARFIT (Structural Adaptation to Regain FIT) モデルが主張され，状況適合理論の動態化が図られた。ここでの因果関係のプロセスは，適合→高業績→状況変数の増大→不適合→新しい適合への組織構造の変化……である。

　ここでの規模と組織構造（活動の構造化）との関係は，線形的であり，一次元的である。これは，Burns and Stalker (1961) の機械的組織（集権的）か有機的組織（分権的）かという議論には馴染むが，これまでの状況適合理論の主張する集権的かつ分権的な組織（＝マトリックス）を認める議論とは異なる。あえて言えば，これは集権的職能部門制組織か，分権的事業部制組織か，あるいは，その中間（混合）かを問題にする一次元的な議論であり，「折衷」ではあっても，正反対の両者を含む一次元上での包括性を問題にする「統合」の議論ではありえない。「折衷」であるなら，これまでの古典的管理論（集権的組織）と人間関係論以降の社会システム理論（分権的組織）の2つの理論で事足りる。両者の適合する「条件」を明らかにするのが，状況適合理論であるなら，「理論」としての意味はない。集権的かつ分権的な組織という，一次元上の包括的な，新しい組織像（e. g. マトリックス組織）を提示しているからこそ，状況適合「理論」という新しいパラダイム（Open & 合理的モデル）としての意味をもつ。

4．環境決定論と主体的選択論

　経営者の戦略的選択 (Child 1972) は，場当たり的，勝手気ままなでたら

めではなく，経営者自身の性格（パーソナリティ），信念，欲求に基づいて行われる。Thompson (1967) の言う「状況要因」とは，組織が統制できない「制約」でも，組織が統制できる「変数」でもなく，組織の恣意的な統制には従わないが，その要求を一定程度満たさなければならない要因である。組織は技術からの要求と課業環境からの要求を勘案して，どちらを優先させるべきかを組織形態に反映させるのが，組織デザインである。技術優先であれば職能部門制組織，課業環境優先であれば事業部制組織，両者が同等に重要であればマトリックス組織を選択することが合理的である。

また，環境決定論と戦略的選択論の両方が存在するという議論も，1980年代以来展開されてきた。環境決定論的でかつ戦略選択も可能な場合，差別化か焦点化かという選択はできる（Hrebiniak and Joyce 1985）。さらに環境の制約が高くても，個人的にそれを利用して，構造や制度をどう利用するかの裁量はある。構造は，行為の結果生じる（行動→構造）だけでなく，行為の前提（構造→行動）でもあり，構造は行為者にパワーを与える。同じ資本主義の下でも，所有経営者は，資本主義という制度を私的に利用して，専門経営者より，資源の利用により多くの裁量を発揮することができる。

以上のように，状況適合理論（EOP パラダイム）→環境決定論という批判→戦略変数の導入による SSP パラダイムの展開，という流れを考慮すると，状況適合理論が，環境→戦略→組織（構造→過程）→業績という ESOP パラダイムへと帰結することがわかる。

II．組織化の進化論

状況適合理論と正反対の因果関係（人間→組織→環境）をもつ Open & 自然体系モデル，すなわち Organizing の理論の典型は，Weick (1969；1979；1995) 理論である。

第1に，この人間→組織→環境という因果関係は，組織化の進化モデルのプロセス，すなわち実現→淘汰→保持とパラレルである。実現とは行為であり，文字通り個々の人間の行為である。淘汰は，その行為の意味を認知することであり，1つの因果関係という形で秩序（＝組織）が選択される。その

結果,この因果関係が実現環境(Enacted Environment)として生じる。これは,漠然とした一般的環境から,行為と認知を一定の意味で結び付ける「部分環境」を選び取ることである。保持は,この部分環境に含まれる因果関係を何らかの形で編集して保存することである。この3つのプロセスの性質は曖昧性→多義性(の把持と除去)→不確実性(の削減)である。実現→淘汰→保持はしたがって,Organizingのプロセス(人間→組織→環境)であり,行為が認知をもたらす行為主導の意味生成(making-sense)にあたる。逆に,保持→淘汰→実現は,Organizedのプロセスであり,これは信念主導の意味づけ(sense-making)にあたる。

　第2に,人間の行為は,過去の知識や行動によって制約を受けるので,ここでの変異(variation)は,全くのランダムではなく,ある程度の規則的な試行錯誤となる。さらに人間という行為者は,環境に受動的に反応する(react)のではなく,環境となる他者の行為の意味を自ら判断して実現環境を創り,それに反応する。組織化の進化モデルでは,ランダムな変異が,自然環境によって受動的にあるいは環境決定論的に淘汰されるのではなく,人間の主体的な行為を通じて,環境が実現される。enactment(実現)は,en/act/mentであって,en/think/mentではない。この意味で,実現とは「認知」ではなく,「行為」である。

1. 組織化の単位——二重の相互作用——

　人間行動が組織を形成する。したがって,組織には,孤立した個人の行動に還元できない創発特性(emergent property)がある。二重の相互作用とは,Aの行為がBの特定の反応を引き出すことを前提としてなされるAの行為である。ここには,① AのBに対する行為,② BのAへの反応,③ AのBに対する行為,の3つが含まれる(Weick 1969;1979)。

　意志的,公示的,不可逆な行為は,その行為者に行為へのコミットメントを促し,双方にとって行為(の繰り返し)が不可避となるので,このコミットメントは,双方にとって拘束的となる。こうして,自分の行為を正当化する必要が生じ,そのために繰り返し相互に連結される行動という意味での創発性が生まれる。すなわち,組織は,個々人の行動の相互連結から創発する。

盛山 (2011) は，① 意味は社会的に生じる，② 個人的な意味世界の中に，すでに社会秩序の了解が組み込まれている，ので，意味はミクロから生じないと主張する。しかし，① 意味がどのように社会的に規定されるかは，個人個人によって異なる，② 社会秩序がすでに個人的意味世界に組み込まれており，意味が客観的に規定されているのなら，社会変動は生じない。したがって，創発性はミクロから生じる。

2．実現過程と行為のコミットメント

(1) 行為と認知

実現とは行為であり，行為の後で認知が生じる（経験の実現）。したがって，行為をやめたときに制約が認知される（制約の実現）。すなわち，行為の認知は自己確認的である（独白の実現）。実現とは，意味づけの素材を提供することであり，多義性が把握される以前の，未分化の状態である。この，意味への分化が生じていない状態を，「あいまい性」と呼ぶ。

Weick (1979) では，生態上の変化が，実現という行為に先立つように描かれている。しかし，人間が周囲の状況を認知できるのは，移動することによってである。認知は，主体の能動的移動から生じる。これを「移動知」と言う。行為によって周囲の状況が変化するからこそ，その変化への認知を通じて，適応的に行動できる。したがって，生態上の変化とは，行為を通じて変化する「周囲の状況」を指す。

(2) 実現過程の特徴

実現過程の特徴は，次の2つである。1つは，「進行中のプロセス」であるという特徴である。2つ目は，「知覚しうる環境を実現する」という性質である。人間は行為する中で，自分自身を制約する「環境」を作り出す。こうして「現実」が社会的に構成される。この「現実の社会的構成」が，行為や志向性を制約し，「客観的」現実や，誰もが当然とみなす「制度」となる。

3．淘汰過程と多義性の把持・除去

淘汰過程は，実現された素材（＝行為）を，有意味な情報に転換すべく，多義性の把持と除去を行い，解釈の図式と特定の解釈を選択して，意味づけ

を行うプロセスである。実現過程と淘汰過程を経て，有意味な情報としての「実現環境（Enacted Environment）」が生じる。

(1) 多義性の把持と必要多様性―手掛かりを抽出するプロセス―

手掛かりは，物事を判断する際の基準であり，諸要素を結び付け，対象の認知を促す。進行中の事象の多様性を把握するためには，この多様性に見合うだけの認知プロセスの多様性が必要である。これが必要多様性であり，「環境の多様性に対処するためには，システムはそれ以上の多様性をもたなければならない」という原則である。必要多様性を確立する方法は，次の3つである（Weick 1995）。第1は，1つの下位環境に1つの対応部署を設置する場合である（e.g. 事業部制組織）。第2は，環境の多様性を削減して，既存の組織の多様性に合わせる方法である（e.g. 環境操作戦略）。第3は，環境の多様性に見合うほどの組織の複雑性を確保する場合である（e.g. 統合メカニズムの採用とその結果としてのマトリックス組織）。第1と第3の方法は，環境に合わせて組織を変える組織デザインの問題である。ただし，第1の方法は，情報処理の必要性を削減して，共同的依存性を確立するLCS（Loosely Coupled System）である。第3の方法は，情報処理能力を増大させて，交互的相互依存性を確保するTCS（Tightly Coupled System）である。

(2) 多義性の除去と回顧的意味づけ

多義性は，情報不足の故にさらなる情報が必要な不確実性と違って，既存の情報の中で，選好基準や優先順位の明確化が必要な状態である。多義性は，1つのアウトプットが，複数のインプットから生み出される状況である。回顧的意味づけとは，1つのアウトプットを前提として，それをもたらした1つのインプットを推測して，一義的な因果関係という枠組みを押し付けることである。この押し付けられた枠組みを通じて多義性が除去され，認知や理解が促進される。こうして「実現環境」が構築される。

4．保持過程と因果関係の不確実性

保持過程は，淘汰過程で生じた実現環境（＝1つの因果関係）を，編集して貯蔵する過程である。淘汰過程で多義性が除去されるので，保持過程には

原則的に多義性はない。したがって，確立された1つの因果関係を，どのように保存するかが問題である。

ここには2つの性質がある。第1は，アイデンティティ構築に根ざしたプロセスであるということである。これは，他人とは異なるという自己概念をもち，それを維持できる一貫した状況を志向するという性質である。第2は，正確さではなく，「もっともらしさ」という性質であり，細部の精確さより全体のパターンが重要である。

保持過程では，実現環境で画定された一義的な因果関係（X→Y）が生起する「もっともらしさ」という確率が問題になる。この，XがYという結果をもたらす確率（確実性，リスク，不確実性）が保持される。これは，認知された課業環境の不確実性であり，この不確実性に見合った組織デザインが高業績をもたらすというのが，状況適合理論の主張である。ここに，実現環境（多義性）と課業環境（不確実性）の連結を通じて，組織化の進化モデル（Open＆自然体系モデル）と，状況適合理論が統合される。

5．組織化の進化理論とLCS

組織化の進化理論が提示する組織像は，部分の自律性と全体の緩やかな連結を強調するLCSである。次の6つの性質をもつ。①部分システムの内部はタイト，②部分システム間はルース，③部分システム間の共通部分が少なく，それが全体に与える影響は弱い，④システムと環境のつながりはルース，⑤環境部分とそれに対応する部分システムの連結はタイト，⑥部分環境間の連結はルース，である。したがって，部分システムが悪化しても組織全体に広がることはないし，環境の微細な変化に対して，組織はいちいち全体として反応する必要はない。これを局地的適応と呼ぶ。

III．結 語

状況適合理論が，環境→組織→人間という因果関係をもつOpen＆合理的モデルであり，環境と組織の適合が高業績をもたらすというE→O→Pであること，環境決定論という批判を受けて戦略変数を導入したS→S→Pモデ

ルを展開したこと，したがって全体として環境―戦略―組織（構造・過程）―業績というE→S→O→Pモデルが，その帰結であることを示した。ここでの因果関係は，やはり環境がインプットであり，環境決定論であることをまぬかれえない。これにたいして，正反対の因果関係（人間→組織→環境）をもつOpen＆自然体系モデルの典型であるWeickの組織化の進化理論を分析した。こうして，Open＆合理的モデルからOpen＆自然体系モデルへのパラダイム・シフトの現状を明らかにした。

　第1に，自然体系モデルのOrganizingの理論（人間→組織→環境）と，Open＆合理的モデルの理論（環境→組織→人間）を，前者のアウトプットである実現環境（多義性の把持と除去）と，後者のインプットである課業環境（不確実性）をつなぐことによって，人間→組織→環境（実現環境→課業環境）→組織→人間という因果関係の循環を確立できる。これが経時的統合である。さらに，OrganizationがOrganizingとOrganizedからなっていると考えるなら，Organizingの理論とOrganizedの理論を包括するOrganizationの理論を確立することができる。これが共時的統合である。この経時的統合のモデルと共時的統合のモデルをまとめて三次元で表すと，組織の進化プロセスと発展段階を同時に表すことができ，組織革新のプロセスをたどることができる。

　第2に，この統合の枠組みを，戦略論や組織間関係論に適用することができる。

　戦略は，組織と環境を媒介する要因であり，環境―組織―人間のプロセスになぞらえて，環境―戦略―組織というプロセスにおける因果関係を考えることができる。すなわち，環境→戦略→組織というプロセスは，マクロな外部アプローチである。ここに，環境→戦略は，Porterに代表されるポジショニング・アプローチであり，戦略→組織は，Ansoffに代表される計画アプローチである。両者は，Organizedの理論にたとえてStrategizedの理論ということができる。反対の因果関係を示す組織→戦略→環境のプロセスは，ミクロな内部アプローチである。組織→戦略はMintzbergの創発的アプローチ，戦略→環境はBarneyの資源ベース・アプローチである。

　資源ベース・アプローチでは，組織の資源の所有が前提となるが，ダイナ

ミック・ケーパビリティ・アプローチでは，資源利用が問題であり，所有していなくても，co-specialization や co-opting を通じて，環境内の資源を利用して，環境に適応することができる。この，利用できる資源とは，Porter の言うポジショニングによって可能となる環境内の資源である。このように考えると，ダイナミック・ケーパビリティ・アプローチに言う環境と，ポジショニング・アプローチに言う環境とは，一致する。したがって，環境→戦略→組織という外部アプローチと，組織→戦略→環境という内部アプローチとは，経時的に統合できる。また，内部アプローチを Strategizing，外部アプローチを Strategized と考えるなら，両者は，Strategy の理論として，共時的に統合できる。この統合によって，戦略変化のプロセスを分析することができる。

たとえば，外部アプローチは，Chandler (1962) の有名な命題「組織構造は戦略に従う」と軌を一にする。しかし，内部アプローチの因果関係は組織→戦略を意味するので，「戦略は組織構造に従う」という逆の命題が成立する。今，第1段階の戦略を S_1，第1段階の組織構造を O_1 とするなら，発展段階モデルは，$S_1 \to O_1$，$S_2 \to O_2$，$S_3 \to O_3$ と示すことができる。通常 S_2 は垂直統合戦略，O_2 は職能部門制組織を示し，S_3 は多角化戦略，O_3 は事業部制組織を表す。Chandler (1962) では，Du Pont 社の1920年代の多角化戦略の後に事業部制組織が採用された事情が説明され，「組織構造は戦略に従う」ことの事例であると説明される。しかし，第1次世界大戦中の Du Pont 社は，職能部門制組織によって，アメリカ政府の大量の火薬需要に応えたのであって，そこからもたらされた莫大な利益と，戦後の火薬需要の大幅な縮小によって生じた未利用資源の投資先を巡って，新しい事業への展開を決定したのである。これは，$O_2 \to S_3$ を示すものである。すなわち発展段階モデルでは，古い戦略と古い組織構造の適合による高業績が，次の新しい戦略をもたらすプロセスの説明がない。言い換えれば，$O_1 \to S_2$，$O_2 \to S_3$ の説明がない。このように考えるなら，$S_1 \to O_1 \to S_2 \to O_2 \to S_3 \to O_3$ という戦略と組織構造の変化のプロセスを，外部アプローチと内部アプローチを使って，説明することが必要である。その際に，統合のための枠組みが利用できる。

これに関連してさらに，組織間関係論を次のように統合することができる。

ここでの問題は，組織―組織間関係―組織間関係の環境，という3つのレベルの分析である。組織→組織間関係→組織間関係の環境という因果関係は，組織セットモデルに該当し，具体的には環境操作戦略が主な内容となる。すなわち，緩衝戦略→自律的戦略→協調的戦略が，inter-organizing を表す。これに対して，IOR（Inter Organizational Relationship）モデルが inter-organized を示す。近年の社会関係資本論の展開を応用するなら，中間組織としてのネットワークの粗密と，紐帯の強弱によって，4つのネットワーク形態（IORシステム）を区別することができる。① ネットワークが密で紐帯が弱い＝市場型），② ネットワークが疎で紐帯が弱い＝戦略提携型，③ ネットワークが疎で紐帯が強い＝系列型，④ ネットワークが密で紐帯が強い＝内部組織型，である。この4つが inter-organized された4つのネットワークの形態であり，①→②→③→④の順序が，組織間関係が相互依存性の増大に向かって変化してゆく inter-organizing のプロセスである。

　以上，本章では，Open＆合理的モデル（状況適合理論）から，それと正反対の因果関係をもつ Open＆自然体系モデル（組織化の進化論）へのパラダイム・シフトを概観し，両者の統合が必要であることを指摘するとともに，その枠組み（経時的統合と共時的統合）を提示し，それに沿って，戦略論，組織間関係論の統合の可能性を論じた。

参考文献

Chandler Jr., A. D. (1962), *Strategy and Structure: Chapters in the History of the Industrial Enterprise,* M. I. T. Press.（三菱経済研究所訳『経営戦略と組織』実業之日本社，1967年；有賀裕子訳『組織は戦略に従う』ダイヤモンド社，2004年。）

Donaldson, L. (2001), *The Contingency Theory of Organzations,* Sage.

稲村　毅（2012），「ネオコンティンジェンシー理論の理論的・思想的性格―L.ドナルドソンにおける「組織理論の擁護」―」経営学史学会監修『経営学史叢書Ⅷ　ウッドワード』文眞堂。

岸田民樹（1999），「状況適合理論（Contingency Theory）」経営学史学会編〔第六輯〕『経営理論の変遷―経営学史研究の意義と課題』文眞堂。

Perrow, C. (1993), "Almost Random Career," in Bedian, A. G. (ed.), *Managerial Laureats: A Collection of Autobiographical Essays,* Vol. 2, JAI Press.

Weick, K. E. (1969), *The Social Psychology of Organizing,* Addison-Wesley.（金児暁嗣訳『組織化の心理学』誠信書房，1980年。）

Weick, K. E. (1979), *The Social Psychology of Organizing,* (2nd), McGraw-Hill.（遠田雄志訳『組織化の社会心理学（第2版）』文眞堂，1997年。）

Weick, K. E. (1995), *Sensemaking in Organizations,* Sage. (遠田雄志・西本直人訳『センスメーキング イン オーガニゼーションズ』文眞堂, 2001年。)

5 人的資源管理パラダイムの展開
――意義・限界・超克可能性――

上 林 憲 雄

Ⅰ．はじめに

　組織における「人のマネジメント」のパラダイム[1]が「人事管理」（パーソネル・マネジメント：PM）から「人的資源管理」（ヒューマン・リソース・マネジメント：HRM）へと本格的に移行したとされるのは1980年代に入ってからである。本稿の目的は，統一論題趣意に沿い，このHRMパラダイムへの移行の経営学史的意義とそこに内包する問題点・限界を把握し，これらを超克する「これからの経営学」の可能性について議論を深めるための端緒を探ることである[2]。

　以下では，まず1980年代に提唱されたHRM理論の主要モデルの幾つかを提示し，それらに共通する思考様式や基盤をなす特徴の整理を行った上で，PMパラダイムとの異同について検討を加える。次に，HRMパラダイムへの移行の意義を確認し，そこに孕む問題点ないし限界を，とりわけ「市場主義の浸透」と「科学（特に法則定立主義）の信奉」の2点に焦点を当てて議論する。その上で，HRMパラダイムのこうした限界を我々はいかに克服しうるか，今後の「人のマネジメント」論ないし経営学の可能性について，若干の私見を交えつつ展望する。最後に，報告当日に討論者から頂いたコメントに対する若干のリプライを述べることとする。

Ⅱ．HRMの理論モデル

　PMからHRMへのパラダイム転換に関しては異論もあり，PMもHRMも

その基本体系や根底の思想に大差はないとみる見解も少なからず存在する（例えばLegge 1995；Blyton and Turnbull 1998）。しかし，HRMのPMとの断絶性，HRMの新規性・革新性を主張する見解は2000年代以降広く普及しつつあり，今日ではHRMはPMとは異なった「人のマネジメント」の新しいアプローチとして多くの論者に認識されるに至っている。以下で，HRMの主要な理論モデルの幾つかを取り上げ，その特徴を検討しよう。[3]

第一は，Fombrun, Tichy and Devanna (1984) による初期のHRMモデルである。このモデルでは，選抜，評価，育成，報酬というHRM諸活動が相俟って組織成果の向上が目指されると理解されている。当モデルの特徴は，HRMの諸活動が相互連関しており，一貫性を持ったものであることが明確に意識されている点である。また，これらのHRM諸活動や施策が，一連のサイクルとして企業全体の戦略と合致すべきであることを初めて明快に示した点においても，当モデルは意義を有している。

第二に，Beer et al. (1984) によるハーバード・モデルの分析枠組みを見てみよう。当モデルでは，HRM施策（雇用，報酬，職務設計など）が短期的結果（コミットメント，能力，費用効果）に影響し，それらが組織効率や社会的厚生といった長期的成果に影響を与え，これらの成果変数群が，経営者のHRM施策に影響を与える「ステークホルダーの利害」や「状況要因」にフィードバックで作用を及ぼすという統合モデルを開発している。当モデルの特徴は，前述のFombrun, Tichy and Devanna (1984) のモデルよりも，ステークホルダーを構成要素に取り込むなど，多元的な要素が配慮されていること，フィードバックループを明示することにより単線的・決定論的な構造ではなく，多様な可能性が示唆されている点で優れている。なお，このモデルは，後にHendry and Pettigrew (1990) により，環境諸要因（外部環境・内部環境）をさらに精緻化したモデルへと拡張が試みられている。

第三は，Guest (1987) によるHRMモデルである。このモデルでは，統合化された一連のHRM諸施策を一貫した方法で実践することで，個々の従業員から卓越した成果を引き出すことができ，そこから卓越した組織成果へと繋ぐことができると説明される。HRM戦略，HRM施策，HRM成果（個人），組織成果，パフォーマンス，財務上の成果という6つの構成要素からモデル

が組み立てられ，HRM 施策は，戦略と適合的に，かつ従業員の高コミットメント・高い（従業員の）質，柔軟性という個人レベルの HRM 成果と結びつくよう，設計されるべきであるという点が中心仮説となっている。とりわけ個人レベルに焦点を当て，個人の能力を引き出すことに主眼が置かれているのが大きな特徴となっている。

第四は，Storey（1992）のモデルである。当モデルでは，HRM は PM とは異なり，組織と個人との関係は単なる法的契約を超えることが目標であると理解されている。また，「経営者－労働者」関係ではなく「企業－顧客」関係こそが重要であり（ここでいう企業には経営者・労働者の双方を含む），ライン管理者は，全社の事業計画に留意しつつ変革型リーダーシップによって対処することが期待される。実際，彼が英国企業25社の経営者を面接調査したところによると，各社間でばらつきはあるものの，概ね HRM 志向的なマネジメントが採用されていたことが明らかにされている。

Ⅲ．HRM パラダイムの特徴

以上で概観した HRM の理論モデルの特徴を踏まえると，PM と HRM とでは，概ね次の5点において基盤をなす発想法が異なっていることが窺える（上林他 2010；Bratton and Gold 2003）。

第一に，HRM の強い戦略志向性である。前節で検討されたいずれの HRM モデルにおいても企業戦略への言及があり，モデルの重要な構成要素として認識されている。アメリカで発刊されている PM と HRM のテキストブックを比較した結果，「戦略」という用語は PM では全く使われていなかったのに対し，HRM では全てで言及がなされているという（Wright 1994）。企業戦略への関心が高まった結果，当然に HRM では業績や成果指標と HRM 諸施策との連関が，PM よりも強く意識されることとなる。

この戦略志向性から導かれる帰結として，HRM の第二の特徴は，PM よりも能動的・主体的な人のマネジメントを志向していることである。PM では，従業員の給与計算や保険業務といった定常業務を行ったり，職場コンフリクトや労使紛争を解決したりする，事後的な「火消し活動」が活動の中心に据

えられていたのと対照的である。

　第三の特徴は，HRM パラダイムでは，物的交換の概念に基づいた経済的・法的な契約ではなく「心理的契約」の重要性が強調されていることである。従業員は，法的な雇用契約に基づき，定められた給与水準に応じて労働するだけではなく，できるだけ法的契約の水準を超えた労働を可能な限り高く引き出すため，契約当事者間の相互コミットメントと組織一体感を醸成することが重要であると理解されている。

　第四に，HRM パラダイムでは，職場学習の重要性が説かれている。PM パラダイムの下では，企業は与えられた労働をこなした従業員に対し一定の賃金を支払うという意味においてコスト要因（人件費）として捕捉されていた。これに対し，HRM では，人件費がかかることには変わりはないが，教育訓練投資を十分にかけて学習・成長させることができれば，人はむしろ企業にとって大きな競争優位の源泉となり得ると理解されている。いわば，労働者は，経営にとっての単なるコストとしてではなく，将来性を秘めた資産として評価できるようになったと理解されている。

　第五に，HRM パラダイムでは，組織成員の全体を集団として一括に取り扱うのではなく，個々人に焦点を当て，各自の動機付けに配慮しながら組織目的の達成が志向されている。PM パラダイムの下では重要であった労使関係的側面，企業に対峙する労働組合や労働者全体という労使対立の視点ではなく，むしろ組織と個々の労働者間の「調和」がマネジメントにおける基軸となっている。世界的に労働組合運動が低調になってきた時期と HRM パラダイムが勃興してきた時期は一致している（Blyton and Turnbull 1998）。

　以上を要約すれば，PM パラダイムでは，人間は経営に抵抗することを前提に，経営にとって御しがたい存在として捉えられコスト視されていたのに対し，HRM パラダイムにおいては，むしろ人間の存在全体をリソースとして，まさに「身も心も丸ごと」経営に献げることが前提の存在，然るべき教育訓練や学習機会を付与することを通じ，場合によっては企業に巨大な富をもたらしうる重要な資産として捕捉されていることが窺えよう。

Ⅳ．HRM パラダイムの意義

1．経営における科学性の向上
経営プロセスでの「確実性」を高め，人間を経営にとってプラスをもたらす存在として捉えようとしている点において，HRM パラダイムは経営にとって意義を有している。全体の構成要素を明確にし，構成要素間の因果連関をできうる限り確固たるものとすることが科学の重要な要件であるとすれば，PM パラダイムから HRM パラダイムへの移行は，経営における科学の一定の前進として評価されるべきであろう。

例えば「A→B」の因果法則において，Aが労働者，Bが業績や収益であるとすれば，これまでの PM パラダイムの下では，「→」で示される部分の因果関係の確実性は必ずしも十分なものではなかった。人は感情を有し，経営に抗う存在として捕捉されており，そのこと自体，やむを得ないと経営には受けとめられていた（守島 2010）。

しかし，HRM パラダイムの下では，前節で概観した理論モデルにも示されているように，労働者の心理的側面をことさら重視し，組織統合を達成させ，実際の法的契約を可能な限り超えて成果を上げさせることが前提となっている。いわば，労働者の心的態度を抵抗から従順へと変化させることを通じ，「→」で示される因果律の確実性を増大させようとしており，経営プロセスの確実性向上という観点からして一定の評価が与えられるべきであろう。

2．グローバリゼーションの加速
この PM から HRM パラダイムへの移行の文脈で論じられることは少ないが，このパラダイム移行の背後には，当時，世界規模で進展しつつあったグローバリゼーション，とりわけ1980年代の日本的経営の「成功」があったという仮説を，報告者は有している。

周知のように，1980年代の日本的経営の海外移出は，日本的経営のいわゆる「三種の神器」のほか，日本企業の組織的特徴（チーム作業，職務の曖昧さ等）に関心を向けさせることとなった。こうした伝統的な欧米の企業経営

には見られない特異な組織的特徴や人事慣行が日本企業の高い競争力へと繋がり，欧米企業がそれらを学習し取り込むことによりHRMパラダイムの基本理念が構築されていったという側面をもつ。日本企業における従業員の高いコミットメントや協調的労使関係，人材の長期的かつ多能的な育成・活用，職場問題の自主的な解決を図る小集団活動等の人事諸施策は，競争力低下にあえぐアメリカ企業にとって無視し得ない，見倣うべきモデルとして認識されたのである。実際，アメリカ企業のトップ・マネジメントがHRMパラダイムに関心を示し始めた時期は，日本企業の躍進が重要な一契機になったと言われている（岩出 2002；Miles and Snow 1984）。そして，アメリカ企業が日本企業から学んだHRMパラダイムの基本的発想法は，その後1990年代に入り，戦略志向性を一層強化したSHRMへと更に研ぎ澄まされ，人のマネジメントの先進的モデルとして世界中に認知されていった（上林 2009）。こうした見方は，学史として位置づけるには些か乱暴な立論で，更なる検証が必要であるが，このようにHRMパラダイムの成立には，世界規模で進展するグローバリゼーションや，その一端としての日本企業の世界市場における活躍が背後に存在していたことは注視されてよい。

しかし，このPMからHRMへのパラダイムの移行の意義それ自体に，重要な問題点が伏在している。つまり，現状のHRMパラダイムは，人のマネジメントのあり方として，一定の意義を有すると同時に，それと表裏一体となった，ある種の限界をも内包したものとなっている。以下で敷衍しよう。

V．HRMパラダイムの限界

1．市場主義の浸透への対応

HRMパラダイムは，一言で言えば，企業が「市場への戦略的対応」を目指した行動の必然的結果として現れた「人のマネジメント」に関する新しいパラダイムである。テイラーによる科学的管理の成立以来，少なくとも当初は，主に組織内的論理・生産志向に依拠しつつ展開されてきた人のマネジメントの諸施策が，組織外部の諸環境とりわけ市場の要請に対しできうる限り的確にかつ迅速に適応すべく，人のマネジメントの大原則をも市場志向へと転換

させたことが，端的に言えば HRM パラダイムとみてよいであろう。

　これを反映するかのように，人のマネジメント論の体系は，伝統的な PM パラダイムの下では，雇用，教育訓練，仕事，評価，昇進，賃金・福利厚生，労使関係という人のマネジメントの各領域に沿って記述されることが多かったが，HRM と銘打ったテキストブックでは，既述のように，労使関係セクションの記述が半減し，新たに市場対応や戦略に関するセクションが加わりその紙幅は大幅に増加したとされている（Wright 1994）。しかも，HRM のテキストブックにおいては，人のマネジメントの各領域におけるマネジメント施策や制度にも，組織内的・生産志向から組織外的・市場志向にいかに変革しつつあるかが記述されることが多い。我が国の HRM のテキストブックでも，個々の領域では終身雇用・長期雇用中心から短期（非正規）雇用の増大へ，伝統的な OJT に加え汎用技能が身につく Off-JT の充実やキャリア開発へ，成果評価および成果主義賃金の比重増といった点が論じられるのが常である。要するに，HRM パラダイム下では，組織内の人のマネジメントのあり方や制度体系が，組織外の市場を意識したものへと変わりつつあるということである。既存の組織内的論理のみではなく，組織外の論理をも組み込んだ形で組織内の論理を組み直そうとするのが，市場志向を基軸とした HRM パラダイムの基本構造である。

　そもそも市場志向という場合の「市場」とは本質的に何を意味するのであろうか。市場の基本的役割は，言うまでもなく，需要と供給の量的バランスに基づいて財の価格を決定し，売買を成立させることで社会的に最適な資源配分を達成する調整機能を果たすことである。ここで重要なポイントは，市場という制度があくまで（組織外の）数量的な需給バランスに基づく決定メカニズムであり，組織内の人間の心理や気持ちとは無関係なところで調整がなされるという点であろう。組織内で働く人々の働き方や行動を規定する人事制度を，組織外の市場の論理のみで設計しようとすると無理が生ずる。どういった制度がその組織にとって真に有用な仕組みであるかを熟慮することなく，市場適応の名のもとに，安直に市場原理に依拠した制度を設計しがちである。市場による調整は万能ではなく，その成立には前提が必要で，失敗する場合もあることはよく知られているが，組織の人のマネジメントも，市

場原理に基づいてのみ調整しようとすると社会的非効率が発生して当然であろう。この点は，あまりにも基本的な論点に過ぎるせいか，HRMパラダイムへの移行の議論においては（とりわけHRM論者によって）表立って議論されることは殆どない。

また，市場主義の発想法は，基本的に「グローバリゼーション」と論理的親和性をもつ。グローバリゼーションの本質は，約めていえば，ローカルな特性は無視して世界中同一の基準で，1つの土俵上で競争しようとルールを決めることである。市場主義はグローバリゼーションをますます進展させ，またグローバリゼーションにより市場主義的な発想法はますます強化され，全世界の企業以外の多くの社会制度の隅々にまで持ち込まれようとしている（例えば，医療，教育，研究，行政など）。このように，市場主義の考え方を基底に据えつつ，世界的視野で市場拡大・利益拡大を狙う企業の姿勢を，報告者は「グローバル市場主義」と呼ぶ（上林編 2013）。本来，企業における人のマネジメントの制度は，こうしたグローバルな視野で急速に普及しつつある市場主義の浸透圧から働く人間を守る防波堤の役割を果たさないといけないはずであるが，現状のHRM論やそこでの諸施策は必ずしもそうはなりえていない。単に，組織外部の市場の論理を，あまり考えることなく組織内へと持ち込もうとしているに過ぎない。これがHRMパラダイムの第一の限界である。

2. 法則定立主義の陥穽

既述のように，HRMパラダイムの意義の1つは，人間行動の全側面を与件として捉え「要素化」することで経営プロセスにおける確実性を飛躍的に高めたことにあった。「A→B」という因果律のうち，Aにあたる人間行動の対象を拡大し，多様な因果関係の可能性を探り，それらを法則として定式化することで精緻化し，Bにあたる経営成果（業績，収益）の確実性を高めようとしてきた。いわば，この因果律の範囲拡大と厳密化を通じて，経営成果の予見可能性を高めようとしたことがHRMパラダイムの意義であり，経営における科学の一歩「前進」であった。

しかし，この法則定立主義は科学の重要な側面であると同時に，その発想

法それ自体，陥穽を有しているといわざるを得ない。構造を因果律として定式化するには，まず経営プロセスにおける各要素を何らかの形で具体的に指標化し，それらを数値化し，特定の度量衡を用いて測定することが必要となる。こうした指標化・数値化，測定の度量衡採択に際し何が妥当で適切であるかの判断は，経営規模が巨大化・複雑化するほど困難を極め，いかに指標を「見える化」し，測定に努めたところで，それが奏功する保証はない。

その証拠に，第2節で検討したHRMの理論モデルにおいても，論者によって何をモデルの構成要素とするかがかなり異なっている。HRM戦略，施策，成果，状況要因等の変数がそもそも論者によって異なるし，その構成要素や示唆されている指標・測定方法も多種多様であって，いずれのモデルも一般理論を志向しながらも決定的な理論モデルは開発されてはいない。しかも，HRM論から派生して1990年代以降のアメリカで隆盛を極めつつあるSHRM論の系譜においては，一連のHRM施策の束（要素群）をいかに最適に構成し経営成果へと繋げるかが中心論点となっており，要素間の関係の明確化・精緻化への志向，法則定立志向は益々進みつつあるように思われる。

HRMパラダイムは，PMより人間行動の射程範囲を労働の場以外へと拡張し，包括的に（しかしその意味づけは「資源」としてむしろ単純化して）捕捉し，それらを要素化してモデルに位置づけることを介し科学としての「前進」を図ったが，そこには同時に，それらの構成要素と因果律を絶対視してしまう思考に陥りがちであるという陥穽があることを認識しなければならない。もっとも，この点はことさらHRMパラダイムのみに限った問題ではなく，むしろ近代科学における理論化そのものが抱える限界であるとも言えようが，生身の人間を扱う「人のマネジメント」には，理論化にまつわるこうした限界が存することを，経営学者も経営実践家も一層強く認識しなければならないであろう。

VI. HRMパラダイムの超克可能性

前節ではHRMパラダイムが有していると思われる問題点・限界について指摘した。HRMパラダイムに絡むこうした問題点や限界を列挙し，あげつら

うこと自体はさほど困難ではない。むしろ重要なのは，こうした限界をいかに克服し，現代にふさわしい新たな「人のマネジメント」のパラダイムを探っていくか，そして学問の立場から，社会や実践家へ向け，こうした諸問題のもつ重要性をどう認識せしめ，新たな指導原理を提示し，具体的で有効な打開策を提案できるかという点であろう。

こうした大きな問いに対する解決策の提示は，筆者の能力を超える課題であり，本稿で整理した形での議論を展開することはできない。しかし，事態の打開へ向け，概ね次の2つの突破口がありうるのではと報告者は考える。

第一は，「人のマネジメント」の一般理論の構築を志向するのではなく，各国や地域のコンテキストを踏まえたHRM理論モデルの模索を志向することである。人間は社会的存在であり，その国や地域社会の中で労働生活を送っている。地域の社会，文化的コンテキストに対する真の理解をすることなくして「人のマネジメント」論の構築はできないし，世界中で統一された汎用的な理論モデルの構築は，そもそも「人のマネジメント」論には馴染まない。グローバリゼーションの進展下であるからこそ，ローカルな差違をより明確にし，その差違を反映したHRMモデルを構築するべく，国際比較・地域間比較研究をさらに蓄積する必要があるであろう。市場メカニズムも，その適切なあり方や運用法は，ローカルな国や地域によって異なっているはずである。換言すれば，時代の流れという縦糸に加え，横糸（国・地域間比較）に留意した研究，国・地域ごとの異同を明らかにするような研究が，こと「人のマネジメント」論においては特に重要ではあるまいか。本稿Ⅱで検討したHRMの理論モデルはなべて「人のマネジメント」の一般理論を志向しており，こうしたローカリティへの配慮が殆どなされていないように思われる。

第二には，上記2つめの問題点（法則定立主義の限界）を認識し，経営実践の場において，念頭に置かれている因果律の構成要素や度量衡それ自体を，常に見直す癖をつけるよう実践家へ向け発信していくことであろう。一般に，「A→B」という因果律への盲信は，皮肉にも，B（業績，収益）が悪ければ悪いほどA（人間行動のある特定のパターン）が未だ足りていないという認識に陥り，さらにAを強化するように作用する。そうなれば，A以外の，例えばCやA′といった他の可能性の存在を一層排除する方向に作用してしまい

がちである。企業が経営実践において長期スパンで「市場競争に勝つ」ためには，そもそも既存の指標や採択した度量衡では見えない部分が背後に多く伏在していることを認識する必要がある。このように，経営実践においては法則定立主義そのものが限界を有していることを認識し，時にその測定尺度それ自体を見直すよう提言していくことが有益であろう。

　総じて，これからの経営学，とりわけ「人のマネジメント」論は，グローバル市場主義の限界を超克するような理論モデルの構築，国や地域ごとに異なった人々の生活やローカルな生身の人間の思いに寄り添えるような理論モデルの構築を志向し，またそこで用いられる因果律を絶対視しないことが重要となろう。現状のHRMパラダイムないし理論モデルはこの点において十全ではなく，改善へ向け経営学徒のなすべき課題は多い。

Ⅶ. 労働組合の可能性と存在意義
──討論者コメントへのリプライ──

　報告当日は，風間信隆氏（明治大学）の司会進行のもと，討論者の黒田兼一氏（明治大学）より，Ａ４用紙４頁，図表資料を含めると全７頁にもわたる貴重なコメントを頂戴した。改めて謝意を申し上げたい。[4]

　黒田氏によるコメントは，①本稿Ⅱで取り上げて議論しているHRMの理論モデルについて，なぜこの４点の文献を取り上げたのかが不明確であること，②PMからHRMへのパラダイム転換の理由が十分に論じられていないこと等，全て小論の不十分な箇所を鋭く指摘するものであったが，なかでも最も中核をなす本質的批判は，[5] ③小論が労働組合について殆ど言及していないこと，したがって報告者が労働組合の存在意義を過小に評価しているのではないか，という点にあった。氏の主張を筆者なりに簡潔に要約すれば，PM時代にはそれなりの存在感を持っていた労働組合や労使関係論的視点を"復活"させ，それらを中軸に据えることで，現状のHRM論とは異なった新たな「人のマネジメント」の方向性（ホワイトカラーや知識労働者をも含めた）が展望できるはずだ，ということになろう。

　筆者自身，労働組合が全く意味を持たず，存在意義がないと考えるわけで

はない。経営サイドのありうべき暴走や横暴に対し歯止めをかけるオフィシャルな社会制度として，現代でも労働組合には一定の抑止効果的な存在意義は認めるべきだろう。その意味において，労使関係論的視点を組み込んだ新たなHRMパラダイム論の構築可能性を，筆者は全否定する立場にはない。

しかし，にもかかわらず，「疲弊した職場と労働状況を克服する」（黒田氏レジュメ）上で，現代の労働組合にかつてのような期待はできない。また，既存の労働組合を前提した労使関係論をそのまま「人のマネジメント」論に組み込んだところで，未来志向の「これからの経営学」は展望できない——これが筆者の直感である。

筆者は労使関係論については甚だ勉強不足で，この領域の主要な先行諸研究すらも十分に渉猟できていないが，私見ながら，労働組合という存在が社会的に機能しえるための条件ないし前提として，概ね以下の4点を挙げることができるのではないかと考える。

(1) 市民生活の全般が経済的に貧困で，その改善が社会全体を覆う重要な課題として認識されていること。
(2) 貧困からの脱却ないし生活改善という意識・価値観によって，社会的な連帯感や結束が成立する状況であること。
(3) 「経営」（ないし資本）対「労働」という二元論的な階級対立が鮮明であること。
(4) 労働組合運動への参画を通じ，個人が何らかの見返りを得られると期待できること。

このそれぞれをここで詳細に論ずる紙幅は残されていないが，端的に言うと，この4条件のほぼ全てが，現代社会において——とりわけ現代日本社会においては——崩壊しているように思えるため，筆者は労働組合に大きな期待を寄せることができないのである。

まず(1)について，なるほど氏の示す資料（日本での非正規雇用の増大，下がる給与，激増する役員賞与と配当金）は，一見すると労働者の受け取る賃金が逓減する傾向にあるように読み取れる。役員と賃労働者との格差も増大しつつあるように見える。にもかかわらず，現代社会にあっては市民生活の全般が，衣食住もままならないほどの貧困状況にはない。筆者の認識不足や

鈍感さによるものかも知れないが，貧困が社会全体を覆うほど暗い影を落としているようにも感じない。むしろ逆に，個人が努力して仕事能力を身につけることさえできれば，あるいは仕事キャリア上の運さえ良ければ，それなりに経済的には生活改善が期待できる状態である。問題は貧困それ自体ではなく，むしろ努力しても報われない，自分には運がないという個人の閉塞感や絶望感が社会全体にそれとなく蔓延していることにある[6]。換言すれば，昨今の「職場の疲弊」の責は，経営のみにそれを負わせるべきではない。

(2)に関連して，たとえ労働者が貧困で，そこからの脱却が社会の課題であったと仮定しても，その貧困であるという事実に基づいて，労働者が一致団結し，社会的に連帯意識を持って行動できるかというと，この点については全く期待できない。個の意識が社会的に浸透し，多様性（ダイバーシティ）が強調される昨今にあって，かつてのような労働組合運動に参加しようとする若年層は殆ど存在しない。ホワイトカラーや知識労働者を念頭に置けば，なお然りであろう[7]。

また(3)についても，現代社会は，経営（資本）対労働という二元論的な対立関係を基軸にして斬れるほど単純なものではない。社会の構成要素として，各種の非営利組織（NPO）の社会的意義が昨今取りざたされていることからも窺えるように，現代社会では，経営と労働以外にもより多種多様で多元的要素が社会を動かす原動力として認識されつつあり，かつてのように経営と労働を二項対立としてみる労使関係論的視点では，新時代の「人のマネジメント」を語ることは難しい。

最後に(4)について，かつて個人が労働組合運動に参画してきたのは，その参画を通じて多少なりとも自身へのリターンが期待できたからであった。さらに，労働組合運動に参画することで，現状に比してよりよい社会を実現していけるかも知れないという淡い期待感が，かつては各自にあったからであろう。翻って現代社会では，労働運動によって社会変革への展望があった時代とは異なり，こうした期待感を抱くことは極めて困難である。現代社会の閉塞感は，既述のように，貧困を根に持つのではなく（即ち，貧困を脱出しさえすれば展望が開けるという状況ではなく），むしろ仕事能力や運に恵まれない人間は現代社会にあってはどうしようもないという壮大な諦念が社会全

体に蔓延していることにこそ，その淵源があるように思われるからである。

　こうした諦念の蔓延している状況は何とか改善し，明るい未来を展望したいと個人的には思うが，労働組合にその期待を託すことは困難なように思われる。まだしもNPOなど第三者機関の方が多少なりとも期待がもてるし，既存の労働組合を介してではなく，経営者教育の機会等を捉えて，経営者に対し直接に「よりよい経営とはどのような経営か」を説き，社会的良心を伴った経営者を育成する方が，より現実味を帯びた明るい社会展望の方途であるように思われる。

　労働組合に期待が持てないとすれば，どうすればよいか。直感的には，上述のようなNPOや経営者教育が鍵になりそうな気がしているが，この問いへの十分な解答を，現時点では筆者は持ち合わせていない。黒田氏による批判は，既存の労働組合運動や労使二項対立の視点を前提としているように（つまり，現状の労働組合の構造・態様は変わらなくてよいように）筆者には聞こえたが，少なくとも現状の労働組合の在り方を質的に変え，その社会的意義を見直すことなくしては，今後の経営社会や「これからの経営学」を展望する上で，労働組合に単なる抑止効果を超えた積極的存在意義を見出し，労使関係論的視座に新たな方向性を期待することは困難ではなかろうか。

注
1）　本稿における「パラダイム」という用語は，その時代固有の認識や思想，価値観を含意する，社会科学での一般的使用法に則っている。従って「HRMパラダイム」とは，HRMの各理論モデルに共通する，1980年代以降に普及してきた「人のマネジメント」の考え方を規定する基礎認識や価値的枠組みの総体を指す術語として本稿では用いている。なお，「人のマネジメント」という用語は，時代のコンテキストに拘束された人事管理や人的資源管理といった概念の双方を包括する，コンテキスト・フリーの「企業による従業員へのマネジメント」という意味において用いている。
2）　周知のように，1990年代以降，企業の内部要因を競争優位の源泉としてみる資源ベース視角の影響を受け，「人のマネジメント」の領域にも「戦略的人的資源管理（SHRM：Strategic Human Resource Management）」論が台頭・普及しつつある。本稿では，今大会の統一論題趣意（PMからHRMへの移行が現代経営学の一潮流をなすという認識）に留意し，このSHRM論の系譜も広義のHRMパラダイムの内に含めて議論することとする。
3）　ここでのHRMモデルは，Bratton and Gold（2003）において主たるHRM理論として位置づけられているモデルを中心に取り上げている。詳細は，拙他訳，31-42頁を参照されたい。
4）　ここで取り上げる紙幅の余裕はないが，報告当日のフロアの質疑からも，日本的経営とHRMの関係に関する論点（本稿Ⅳの第2項）を中心に多くの重要な示唆を頂いた。深謝申し上げる次第である。

5）黒田氏によるこれらの指摘は，全て的を射た重要な批判である。ただ，①については，統一論題の趣意からして1980年代以降の変化が重要であると考えたため，ここでは1980年代の主たる HRM 理論モデルを取り上げたに過ぎず，それ以前の展開を無視していたわけではない。②については，確かに本稿では十全に論じることが出来なかったが，端的にいうなら，調整の様式としての「市場」の信奉が，HRM パラダイムへの大きな移行要因として伏在していると思われる。以下の③の論点とも関わるので，詳細は本稿の以下を参照されたい。
6）ここに記した点はあくまで筆者の感覚を述べたに過ぎず，証拠となるべきデータを提示することはできない。但し，これと類似の指摘は現代思想・哲学の領域においても見出すことができる。例えば竹田（1992）を参照。
7）労働組合は必ずしも貧困状況からの脱却のみを目指す存在ではなく，より多種多様な，人間的な労働者生活の実現を企図する存在であるにしても，その基底にある主要目的はやはり労働者層の経済状況の改善，経済的側面における経営層との格差縮小であろう。

参考文献

Beer, M. et al. (1984), *Managing Human Assets,* The Free Press.（梅津祐良・水谷榮二訳『ハーバードで教える人材戦略』日本生産性本部，1990年。）
Blyton, P. and Turnbull, P. (1998), *The Dynamics of Employee Relations* (2nd edn), Macmillan-now Palgrave.
Bratton, J. and Gold, J. (2003), *Human Resource Management: Theory and Practice* (3rd edn), Palgrave.（上林憲雄他訳『人的資源管理——理論と実践』文眞堂，2007年。）
Fombrun, C. J., Tichy, N. M. and Devanna, M. A. eds. (1984), *Strategic Human Resource Management,* Wiley.
Guest, D. E. (1987), "Human Resource Management and Industrial Relations," *Journal of Management Studies,* Vol. 24, No. 5, pp. 503-521.
Guest, D. E. (1997), "Human Resource Management and Performance: A Review and Research Agenda," *International Journal of Human Resource Management,* Vol. 8, No. 3, pp. 263-276.
Hendry, C. and Pettigrew, A. (1990), "Human Resource Management: An Agenda for the 1990s," *International Journal of Human Resource Management,* Vol. 1, No. 1, pp. 17-44.
Kambayashi, N. ed. (2015), *Japanese Management in Change: The Impact of Globalization and Market Principles,* Springer.
Legge, K. (1995), *Human Resource Management: Rhetorics and Realities,* Macmillan-now Palgrave.
Miles, R. and Snow, C. (1984), "Designing Strategic Human Resources Systems," *Organizational Dynamics,* Summer, pp. 36-52.
Storey, J. (1992), *Developments in the Management of Human Resources,* Basil Blackwell.
Wright, M. (1994), "A Comparative Study of the Contends of Personnel and Human Resource Management Textbooks," *International Journal of Human Resource Management,* Vol. 5, No. 1, pp. 225-247.
岩出　博（2002），『戦略的人的資源管理論の実相——アメリカ SHRM 論研究ノート——』泉文堂。
内田　樹（2013），『修業論』光文社。
上林憲雄（2009），「人事労務管理から人的資源管理へ？」『JSHRM Insights』Vol. 50記念特集号，9-14頁。
上林憲雄・厨子直之・森田雅也（2010），『経験から学ぶ人的資源管理』有斐閣。

上林憲雄編著 (2013),『変貌する日本型経営――グローバル市場主義の進展と日本企業――』中央経済社.
上林憲雄・平野光俊・森田雅也編著 (2014),『現代 人的資源管理――グローバル市場主義と日本型システム――』中央経済社.
鈴木大拙著・上田閑照編 (1997),『新編・東洋的な見方』岩波書店.
竹田青嗣 (1992),『現代思想の冒険』筑摩書房.
三戸 公 (2004),「人的資源管理論の位相」『立教経済学研究』第58巻第1号, 19-34頁.
守島基弘 (2010),「社会科学としての人材マネジメント論へ向けて」『日本労働研究雑誌』2010年7月号, 69-74頁.

第III部
論　攷

6 イギリスにおける分業論の展開
―― アダム・スミスからJ. S. ミルまで ――

村 田 和 博

I．はじめに

　アダム・スミス（Adam Smith, 以下スミスと略記）からJ. S. ミル（John Stuart Mill, 以下ミルと略記）に至るイギリス古典派経済学の文献において，経営学的観点から注目すべきは分業に関する記述である。分業は職能別組織や事業部制組織で導入されているとともに，現代の経営学の文献でも取り上げられることがあり，現代においても研究対象として決して色あせるものではない。

　イギリス古典派経済学期の経営思想については，レン（Daniel A. Wren）が初期の工場におけるマネジメントのパイオニアとして，C. バベッジ（Charles Babbage, 以下バベッジと略記），A. ユア（Andrew Ure），R. オウエン（Robert Owen）を簡潔な説明ではあるが取り上げている（Wren 2005, pp. 61-93）。また，近年になって，*The Division of Labor in Economics*（Sun 2012）や *An Economic Theory of the Division of Labor*（Steinegger 2010）の公刊にみられるように，分業に関する経済学史的成果が公表されてきた。[1]だが，イギリス古典派経済学期の分業論に限定すれば，それが詳細に検討されることは少ないとともに，資本蓄積や経済成長に対する経済的影響が経済学史的観点から考察されることが多い。そこで，本稿では，スミス，バベッジ，E. G. ウェイクフィールド（Edward Gibbon Wakefield, 以下ウェイクフィールドと略記），およびミルの分業論を個別に検討することで，スミスからミルに至るまでの分業論が如何に展開していったのかを経営学史的に紐解く。[2]そして，むすびにおいて，イギリス古典派経済学の分業論の特徴を総括する。

II. スミスの分業論

スミスの『国富論』(Smith 1776) では，ピン製造工場の分化にみられる企業内分業と猟師，大工，鍛冶屋など社会的な職種分割にみられる社会的分業がともに分業として示される。周知のピン製造工場における企業内分業の事例では，ピン製造工程が針金の引き伸ばし，針金の切断，頭部の作成など18の工程に分割され，一人の労働者が一つかせいぜい二つから三つの工程だけを担当することにより，労働生産性が飛躍的に上昇することが主張される。一方，社会的分業は特定の職業に特化した企業家たちが市場での交換を介して保有しない商品を調達し合うことである。価格メカニズムを用いた市場取引を重視したスミスは，また，スミスから分業を学んだミルも同様に，企業が互いに組織間関係を作り，そのネットワーク内で安定的に資源を調達する方法に着目することはなかった。

だが，ノース (Douglass C. North) の「スミスは独占的共謀の結果を生み出す協力の形態に関心があった」(North 1990, p. 10, 翻訳書14頁) との指摘が示唆するように，スミスの同業組合に関する言及からは，複数企業による意思決定または行為をともなう集団戦略的発想が断片的ではあるが見出される。同業組合とは同じ業種内の企業が資本の提携関係などを持たず，法的制度等に基づき間接的に結びつく関係のことであって，同業組合による市場に対する供給制限は同業組合の組合員たちの共通目的達成のために実施される。ただし，スミスは同業組合に所属する企業がそれから得る利益の側面を評価するのではなく，その目的とそれがもたらす社会的弊害に関心を示す。この姿勢はバベッジとミルも同様である (Babbage 1832, p. xiii; Babbage 1832, pp. 216-230; Mill 1848, pp. 927-928, 翻訳書［五］267-269頁)。

分業の導入により労働生産性が上昇する理由として，スミスは以下の三つの要因を示した。第一に，分業が労働者の技能を向上させる点である。これは労働者の作業時間の増大とともに技能が習得できることを意味しており，要するに学習効果のことである。スミスの理解では，生まれながらの人間の能力に大きな違いはなく，能力の違いの多くは分業の結果として生まれるの

で（Smith 1776, pp. 28-29, 翻訳書［1］40-41頁），職業的能力は仕事の学習量に大きく依存することになる。第二に，職場の異動や道具の取り替えに要する時間など作業を変更するときに失われる無駄な時間の減少である。第三に，労働者が一つの作業に集中することで得られる機械の発明と改良の促進である。

ところで，スミスは分業の利益をどの程度明らかにすることができたのか。この点を解明するために，沼上氏の研究（2004）を参照しつつ，分業の利益の全体像（以下の①～⑦）を示す。

① 共通費の配賦
　資源，施設，知識などの共同利用によりコストが低下する。
② 経済的スタッフィング
　労働者の能力別配置によりコストが低下する。
③ 熟練形成の効率化・知識の専門化
　仕事に関する習熟期間が短縮する。
④ 機械の発明と機械的分業の効果
　タスクの簡略化により，自動化・機械化が容易になる。
⑤ 規模の経済
　生産規模の増大とともに機能別分業は高度化する。生産規模ごとに最適な設備や分業を導入すれば，長期費用曲線は規模の増大とともに低下する。
⑥ 段取り替えの時間の節約
　タスクを変えるごとに失われる道具の取り替えなどの時間が節約できる。
⑦ 計画のグレシャムの法則の回避
　垂直的分業を導入すれば，計画のグレシャムの法則（ルーチンワークはノン・ルーチンワークを駆逐する）は回避できる。

スミスが資本規模の増大とともに分業が促進することに言及していたことも踏まえると，スミスはこれら7つの分業の利益の中の熟練形成の効率化・知識の専門化，機械の発明と機械的分業の効果，規模の経済，および段取り替えの時間の節約，を指摘していたことになる。

Ⅲ. バベッジの分業論

　分業がバベッジの経済分野に対する最も重要な貢献であるとローゼンベルグ（Nathan Rosenberg）により評価されるように（Rosenberg 1994, p.27.），バベッジは分業に大きな関心を示した。スミスやミルは製造業だけでなく，分業の導入が進まないという意味で農業の分業にも関心を示したが，バベッジの分業論は，その叙述の中心が製造業に対してであったという点で特徴的である。また，バベッジは社会的分業よりは企業内分業に注視したため，彼の企業内分業に対する説明は，スミスのそれよりは詳細である。

　バベッジはスミスの三つの分業の利益を評価しつつも，「最も重要でかつ有力な原因は全く無視されている」（Babbage 1832, p.125）と述べ，労働者の能力に応じた最適配置について検討する。この主張は，後にバベッジ原理と呼ばれるようになった分業導入の際に留意すべき原理のことで（Marshall 1919,［Ⅰ］p.225, 翻訳書［2］61頁；Braverman 1974, p.57, 翻訳書90頁），生産工程ごとに必要になる労働者の技術度が異なるために，高賃金で雇用しなければならない高い技術を持つ労働者に，彼にしかできない仕事に専念させることができれば，生産費の低減が可能になることを意味する。このバベッジ原理はマルクス（Karl Marx）をはじめとする後世のエコノミストたちに影響を与えた（Rosenberg 1994, p.29）。

　バベッジはイギリスのピン製造業を事例にして，その利益を詳述している。とあるイギリスのピン製造工場では，7つの工程に，男，女，子どもを合わせた計10人の労働者が従事している。各工程の1日当たりの賃金は4と1/2ペンスから6シリングまで異なるが，その違いは各工程に必要とされる技術水準によるものである。労働者に支払われる賃金は彼の技術と労働時間の両方を考慮して支払われるから，最も熟練を要する錫めっきを担当できる技術を持つ者を低賃金の労働者にでも従事できる工程に従事させても，彼の賃金は1日当たり6シリングとなる。したがって，高賃金で雇用する高い技術を持つ労働者を，その技術を必要とする工程だけに従事させることができれば，生産費を低減できる。このように，分業の導入により労働者の能力別配置が

促進することをバベッジが評価しているのであれば，バベッジは上述の7つの分業の利益の中の経済的スタッフィングについて言及していたことになる。

さらに，バベッジ分業論の持つ意義として，肉体的労働だけでなく，知的労働に対しても分業を適用した点が評価されてきた（Duncan 1999, p.8,；北村 1994, 117-118頁）。バベッジは綿工場や絹工場の建設と運営に関する三つの部門への組織的分化を事例にして，知的労働の分業の適用を説明している。第一部門では一人の人が機械の図面を作り，第二部門ではその図面をもとに機械を製作することができる技師たちが機械を作り，第三部門では低い技術しか持たない多くの人々が第二部門の監督下で実際に機械を動かす。このような組織の垂直的分化により，第一部門と第二部門に所属する人々は低い技術しか持たない人でも担当できる仕事から免れ，高い能力を必要とする仕事に専念できることから，計画のグレシャムの法則を回避することができる。

Ⅳ．ウェイクフィールドの分業論

ウェイクフィールドはスミスの『国富論』を編纂し公刊しているが，その中に長い注解を付しており，その注解の中で分業を考察している。ウェイクフィールドは「非常に大きな成果を伴う仕事の分割（division of employment）は，労働の結合，すなわち協働（co-operation）に完全に依存する」や「仕事の分割を含む労働の諸生産力のあらゆる増進は協働に依存する」（Smith 1843, pp. 24-26，翻訳書［1］102-103頁）と述べ，分業を含む広義の概念として協働を捉え，労働生産性を増大させる要因として分業よりも協働を重視した。また，彼はその注解の中で旅行団または商隊を事例にして，共に旅をする人々は，自らの安楽と安全のために，道中で互いに助け合うことに合意し，水汲み，歩哨，家畜の世話といった仕事を互いに配分していることを指摘する。ウェイクフィールドは協働の成立には，目的（旅行の安楽と安全の確保）の存在と目的達成に向けた協力に対する参加者の合意が必要であると理解していたことがこの例示から読み取れる。

さらに，ウェイクフィールドは協働を，何人かの人々が同じ仕事において互いに助け合う単純な協働（simple co-operation）と何人かの人々が異なる

仕事において互いに助け合う複雑な協働（complex co-operation）に区分している。単純な協働は，同じ仕事を複数の人々で協力し合うことであり，多くの人々が，同じ時間に，同じ場所で，同じ仕事に従事するという特徴がそれにはある。ウェイクフィールドは，この事例として，重い物の持ち上げ，樹木の伐採，材木ののこぎり引き，短時間での乾草や穀物の刈り取り，建設のための足場作りなどを示しており，単純な協働の利益を，大きな力の行使，作業時間の短縮，および身体的適応力の克服として理解していたと考えられる。ここで注目すべきは，労働者が同じ仕事に従事していることから，単純な協働では分業が導入されていないにもかかわらず，生産力が向上している点である。そのため，ウェイクフィールドは労働生産性を引き上げる原理として，分業よりも協働を重視するのである。一方，複雑な協働は，異なる仕事に従事する人々が余剰生産物を交換し合う関係のことであり，ウェイクフィールドは複雑な協働から得られる利益として，スミスが言及した三つの分業の利益を指摘している。

　『国富論』注解の中で単純な協働と複雑な協働の区別がみられることは上述の通りだが，スミスのピン製造業の事例にみられる企業内分業が，どちらに該当するのかが明確ではない。だが，企業内分業が意識されていないかといえばそうではなく，それを知る手がかりが『イギリスとアメリカ』（Wakefield 1833）で示される全般的結合（general combination）と個別的結合（particular combination）との区別にある（Wakefield 1833, p.328, 翻訳書［一］33頁）。全般的結合とは，農業，商業，製造業などに分かれて従事する人々が，余剰生産物を交換することで協力し合う関係を意味する。したがって，全般的結合はスミスの社会的分業に該当する。一方，個別的結合は，大量の資本を用いて一つの作業場に多くの人々を集め，彼らに特定の作業を遂行させる分化と結合を意味する。したがって，それはスミスの企業内分業に相当し，蒸気の使用など大きな資本を使用することから生じる利益がそれから得られるとともに，多くの人間が同じ場所に集まることによって生まれる人間の知的交流が発明を促す。また，その知的交流ゆえに発明が個人に独占されることがなく，改善に貢献すると理解される。スミスは企業内分業と社会的分業を共に分業と漠然と捉えていたが，ウェイクフィールドはこの二つを語義的に区

別していたことがわかる。

　ウェイクフィールドはスミスの三つの分業の利益を継承しつつ，仕事の分割のない単純な協働を提示した。彼の協働論には個別の生産単位の生産力向上の視点が含まれてはいるが，彼の主要な関心は個別企業の生産力の向上ではなく，あらゆる産業で全般的結合と個別的結合が導入されることにより，国全体の生産力の向上がもたらされるという点にある。他国に優るイギリスの豊かさは，イギリスの産業分野における協働の発展に基因しているのであって，「全ての国における勤労の生産物は，資本および労働が結合されるとともに，仕事が分化している程度に比例しなければならない」（Wakefield 1833, p. 335, 翻訳書［一］45頁）ことは，彼にとって明らかであった。

V．ミルの分業論

　ミルの『経済学原理』（Mill 1848）を読めば，彼がスミス，バベッジ，およびウェイクフィールドのいずれからも影響を受けつつ分業論を論述したことがわかる。彼らとの関係を考慮しつつミルの分業論の特質を示せば，以下のようになろう。

　第一に，ミルはスミスとバベッジから分業の利益を継承した。ミルは，スミスの指摘した三つの分業の利益，すなわち，技能の増進，仕事を替えるときに失われる時間の節約，および機械の発明を継承するが，そのうちの仕事を替えるときに失われる時間の節約については，仕事を替えることに伴う不利益を相殺する事項にも着目している。すなわち，ミルは「庭師ほど頻繁に仕事や道具を替える労働者は少ないが，だからといって，彼は通常生き生きと仕事をすることができないだろうか」（Mill 1848, p. 126, 翻訳書［一］242頁）と疑問を提示するのである。これは，同じ作業を続けることに伴って発生する疲労感と筋肉疲労の増大についての指摘であり，ミルによれば，終始一つの仕事だけに限定するよりも，仕事を替えていく方が疲労を感じない（Mill 1848, p. 127, 翻訳書［一］244頁）。専門化には，退屈，欲求不満，選択の自由の制限といったデメリットが存在することは広く知られているが，ミルは専門化にともなうメリットだけでなく，デメリットにも気づいていた。

さらに，ミルは，異なる作業過程には，異なる程度の技能と体力が必要になるので，「労働の中で最も困難な部分を担当するのに十分な技能を有する者，または，労働の最も激しい部分を担当するのに十分な体力を有する者は，それらにだけ使用されることにより，より有用に使用され，誰もができる作業は，他に使用の途がない人々にゆだねることにより，より有益となる」と述べ，バベッジが指摘する「労働者の一層経済的な配置」（Mill 1848, p. 128, 翻訳書［一］247頁）を評価する。

第二に，ミルはウェイクフィールドから，「分業の原理をも包括する一層根本的な原理」（Mill 1848, p. 116, 翻訳書［一］226頁）として協働を受容し，単純な協働と複雑な協働を示す。協働は，同一の仕事か異なった仕事間で「幾人かの人々が，互いに助け合うときに行われる」（Mill 1848, p. 116, 翻訳書［一］226頁）。同一の仕事間での協力が単純な協働に，また異なった仕事間での協力が複雑な協働に該当する。このように，ミルはウェイクフィールドと同じく労働生産性を上昇させる要因として協働を重視するが，ミルの場合，協働は，各人が「個人個人の気まぐれを抑えて，あらかじめ決められたところに従い，自分たちに割り当てられた協働の事業における分担分をそれぞれ遂行しうるようになる」という「共同活動の能力」または「協働の能力」の増加によって促進されると理解される（Mill 1848, p. 708, 翻訳書［四］14頁）。

ミルの協働の能力は，彼の人間性に対する認識と深くかかわっている。ミルによれば，人間には「自分を団体の一員としてしか考えられない」ように駆り立てる「同胞と一体化したいという欲求」が「強力な自然的感情の基礎」として備わっており，この欲求は「進歩する文明の影響を受けて，次第に強くなる傾向を持つ」（Mill 1861, p. 231, 翻訳書143頁）。この「同胞と一体化したいという欲求」から，人間は自然と協働し，個人的利益ではなく全体的利益を追求するようになるのである。とはいえ，協働する能力などの様々な能力は，自立的な選択をすることによって発達するので自立的な選択する場が必要になり，その場所の一つとしてアソシエーション（association）が構想される。ミルにとって，アソシエーションは「共同の利益を理解し」，「互いに結合させるような目的に向かって行動する習慣を与える」（Mill 1859, p. 305, 翻訳書107頁），つまり人々の人間性を陶冶させる場所なのであった。ミ

ルのアソシエーションには，資本家と労働者がともに出資してできた「労働者と資本家のアソシエーション」と「主人としての資本家と経営に対する発言権を持たない労働者との間に存在しうるアソシエーションではなく，労働者たちが作業するための資本を等しく，かつ共同で所有し，さらに彼ら自身により選出し，かつ罷免しうる経営者の下で労働する条件のもとに作られた労働者自身のアソシエーション」（Mill 1848, p. 755, 翻訳書［四］154頁）の二種類がある。労働者と資本家のアソシエーションよりも労働者自身のアソシエーションの方が自立的な選択の機会を多く持つと考えられるから，人間性の進歩に対する効果も大きいはずである。[3] ミルにとって偏狭な自己愛から脱却し，協働意識を醸成する手段が労働者自身のアソシエーションだったのだ。[4]

VI. むすび

これまでの論述を踏まえれば，古典派経済学の分業論について，以下の問題点を指摘できる。まず，社会的分業の概念は読み取れるが，組織間関係への広がりは見られないことである。つまり，彼らの社会的分業は市場を介した個々の企業による交換関係であって，資源保有をめぐるパワー関係や企業間での資源の共有化などの発想は彼らにはない。さらに，バベッジ原理に見られるようにコスト低減の観点から管理者の組織的調整が言及されることはあるが，バーナード（Chester I. Barnard）の伝達体系の提供や目的の定式化と規定のような視点を取り入れつつ管理職能を深化させることができなかった点も指摘できる。

だが，上述の問題点にもかかわらず，古典派経済学期の分業論には現代にも通じる重要な意義を見出せる。まず，スミスは分業の利益として，熟練形成の効率化・知識の専門化，機械の発明と機械的分業の効果，規模の経済，および段取り替えの時間の節約の４点を指摘した。さらに，バベッジは計画のグレシャムの法則の回避と経済的スタッフィングの利益を追加した。彼らの分業論をこのように総括できるとすれば，彼らの主張は現代で指摘される分業の利益のほぼ全てを網羅していることになり，現代でも通用することが

わかる。

　次に，ミルは，テイラーの科学的管理法やフォードの生産システムでは看過されがちな分業に伴う仕事の単調さとそれに伴う疲労について指摘しており労働の質にも目を向けた。さらに，ミルは，人間は同胞と一体化したいという欲求から自然と協働するとともに，アソシエーションなどの場における協働の能力の行使により人々の人間性が陶冶され，その結果として人々の協働の能力が向上し，協働が促進すると理解した。20世紀になって，バーナードが協働と個人の相互依存的成長を説いたが (Barnard 1938, p. 296, 翻訳書309頁)，ミルは協働と個人の相互依存的成長について，先鞭をつけたとも評価できるのである。

注

* 本稿は科学研究費助成事業，基盤研究（C），研究課題名「経営資源論的アプローチによるイギリス古典派経済学の研究」（研究課題番号：26380258）の研究成果の一部である。
1) 他にも，幸田（2013）；Witzel（2012）；茂木（2009）において，イギリス産業革命期の経営思想が検討されている。
2) 紙幅の制約から，本稿では，スミス，バベッジ，ウェイクフィールド，およびミルに論点を限定するが，当時のイギリスでは，分業を嫌悪したオウエンと工場制度の普及によって労働者の能力別配置が不要になると捉えたユアが活躍しており，分業に対する多様な見方が存在していた。オウエンとユアの分業論については，村田（2013）；村田（2010），163-168頁を参照。
3) ミルの人間性の進歩と協働の関係について，詳しくは，村田（2010），241-251頁を参照。
4) 労働者が経験を通じて主体的に性格を陶冶することをミルは求めていた。なお，松井（2013）が，『経済学原理』にとどまらず，『論理学体系』などミル自身の他の多くの著書に依拠しつつミルの教育観を丹念に検討している。

参考文献

Babbage, C. (1832), *On the Economy of Machinery and Manufactures,* in *The Works of Charles Babbage,* Vol. 8, W. Pickering.
Barnard, Chester I. (1938), *The Functions of the Executive,* Thirtieth Anniversary Edition with an Introduction by Kenneth R. Andrews, Harvard University Press.（山本安次郎・田杉　競・飯野春樹訳『新訳　経営者の役割』ダイヤモンド社，1968年。）
Braverman, H. (1974), *Labor and Monopoly Capital: The Degradation of Work in Twentieth Century,* 25th Anniversary Edition, Monthly Review Press.（富沢賢治訳『労働と独占資本——20世紀における労働の衰退——』岩波書店，1978年。）
Duncan, W. Jack. (1999), *Management: Ideas and Actions,* Oxford University Press.
Marshall, A. (1919), *Industry and Trade,* University Press of the Pacific.（永澤越郎訳『産業と商業』岩波ブックセンター信山社，1986年。）
Mill, J. S. (1848), *Principles of Political Economy, with Some of Their Applications to Social Philosophy,* in *Collected Works of John Stuart Mill,* Vol. II・III, University of Toronto Press.（末永茂喜訳『経済学原理』岩波書店，1959年。）

Mill, J. S. (1859), *On Liberty,* in *Collected Works of John Stuart Mill,* Vol. XVII, University of Toronto Press.（水田　洋訳『自由について』『世界の大思想ミル』河出書房，1967年。）
Mill, J. S. (1861), "Utilitarianism," in *Collected Works of John Stuart Mill,* Vol. X, University of Toronto Press.（永井義雄・水田珠枝訳「功利主義」『世界の大思想ミル』河出書房，1967年。）
North, Douglass C. (1990), *Institutions, Institutional Change and Economic Performance,* Cambridge University Press.（竹下公視訳『制度・制度変化・経済成果』晃洋書房，1994年。）
Rosenberg, N. (1994), *Exploring the Black Box: Technology, Economics, and History,* Cambridge University Press.
Smith, A. (1776), *An Inquiry into the Nature and Causes of the Wealth of Nations,* in *The Glasgow Edition of the Works and Correspondence of Adam Smith,* Liberty Fund.（水田　洋監訳・杉山忠平訳『国富論』岩波書店，2000-2001年。）
Smith, A. (1843), *An Inquiry into the Nature and Causes of the Wealth of Nations,* edited by Edward Gibbon Wakefield, Charles Knight and Co.（諸泉俊介訳「翻訳ウェイクフィールドのスミス『国富論』註解(1)―」『佐賀大学文化教育学部研究論文集』第10集第1号―，2005年―。）
Steinegger, R. (2010), *An Economic Theory of the Division of Labor: From Adam Smith to Xiaokai Yang and Inframarginal Analysis,* VDM Verlag Dr. Müller GmbH & Co.
Sun, Guang-Zhen. (2012), *The Division of Labor in Economics,* Routledge.
Wakefield, E. Gibbon. (1833), *England and America: A Comparison of the Social and Political State of Both Nations,* in *The Collected Works of Edward Gibbon Wakefield,* Collins.（中野　正訳『イギリスとアメリカ』日本評論社，1947年。）
Witzel, M. (2012), *A History of Management Thought,* Routledge.
Wren, Daniel A. (2005), *The History of Management Thought,* John Wiley & Sons Inc.
北村健之助（1994），『経営学前史』学文社。
幸田浩文（2013），『米英マネジメント史の研究』学文社。
沼上　幹（2004），『組織デザイン』日本経済新聞社。
松井名津（2013），「J・S・ミルの経済学と人間的成長――教育と労働者の自律をめぐって――」柳田芳伸・諸泉俊介・近藤真司編『マルサス　ミル　マーシャル――人間と富との経済思想――』昭和堂。
村田和博（2010），『19世紀イギリス経営思想史研究――C. バベッジ，J. モントゴメリー，A. ユア，およびJ. S. ミルの経営学説とその歴史的背景――』五絃舎。
村田和博（2013），「R. オウエンの経営思想――労働者の困窮改善策――」『下関市立大学論集』第57巻第1号，27-38頁。
茂木一之（2009），『創世期における人的資源管理――イギリス労務管理生成史論――』泉文社。

7　制度の象徴性と物質性に関する学説史的検討
——超越論的認識論における二律背反概念を通じて——

早　坂　　　啓

Ⅰ．はじめに

　近年の制度派組織論における主要な論点の一つに，制度の象徴性（symbolisity）と物質性（materiality）が挙げられる（Friedland and Alford 1991；Thornton, Ocasio and Lounsbury 2012）。制度に物質性が含まれるとの考えは，一見すると，受け入れがたい。だが，近年はアクターネットワーク理論が改めて注意を喚起したように，いかなる対象も象徴性と物質性の異種混合性を有する。当然ながら，制度もその例外ではない。
　とは言え，これらの既存理論に倣い，より物質性に配慮した制度分析を行えば良い，という結論を出すのは早急であろう。何より，既存の制度派組織論に対して，いかなる理論的含意があるのかが不明だからである。
　本稿では，制度派組織論の理論的背景を振り返り，制度の象徴性と物質性を方法論的な課題として論じたい。元来，制度概念とは，ウェーバー（Max Weber）の理念型（Ideal types）に理論的根拠を置き（Thornton et al. 2012），理念型の起源はカント（Immanuel Kant）の認識論，とりわけ二律背反（antinomy）概念に行き着く（Owen 1994）。つまり，制度派組織論は，その認識論と方法論の深耕を主要な課題としてきた学説史を持つ。
　制度の象徴性と物質性をこの文脈において考察した結果，制度派組織論に対する，以下の3つの含意が明らかとなった。第一に，既存の制度派組織論では，研究者が持ち込む言説（制度）と対象との一致を確認するだけの分析に終始してきた（二節）。第二に，カントの二律背反概念に則せば，制度概念とは，対象との差分に注目する理念型の方法論的含意を持ち，かつ，その象

徴性と物質性もまた，相互に矛盾する理念型の方法論的含意を持つ（三節）。第三に，二律背反の方法論を応用すると，研究者の持ち込む言説の修正を伴う，対象の多様性により肉薄した分析が行える（四節）。

II. 制度の象徴性と物質性の理論的含意

　制度派組織論は古くから，制度の象徴性のみならず，物質性に関心を向けてきた。萌芽的な研究であるJepperson (1991) は，制度が具象化された対象を指す担体 (carries) 概念を提唱し，組織や専門家集団，共同体など，制度の物質的な担い手に注目した（pp. 150-151）。その後，Scott (1995) を皮切りに検討が重ねられ，Scott (2008) では，表象システム，関係システム，ルーチン，人工物という4つの担体が掲げられた（pp. 79-85）。具体的な研究内容は，イノベーションの普及（Davis and Greve 1997），知識移転（Sahlin-Andersson and Engwall 2002），経営手法の浸透（Hoffman 2001）等である。

　だが，引き続き制度派組織論は，物質性を見逃してきたとの批判を受ける。Pinch (2008) は，制度派組織論の言う物質性とは，単に行為の言い換えに過ぎず，人間主体以外の（特に技術の）物質性が分析対象から外れてきたと批判した（pp. 463-464）。当のScott (2008) もまた，既存研究の多くがRebby (1979) による導管メタファー（conduit metaphor）に囚われ，担体概念を制度の通り道としてしか捉えず，その他の物質性の影響を過小評価してきたと反省を述べた（p. 80）。近年の物質性研究の先陣を切ったJones, Boxenbaum and Anthony (2013) は，物質性に対する関心の高まりに対して，萌芽的な研究として再発掘されたFriedland and Alford (1991) に寄り添い，制度化や制度変化における，物体や人工物に関する本来の理論的含意に目を向けるべきと指摘する（pp. 52-55）。

　では，制度の象徴性と物質性とは，いかなる理論的含意を持っていたのだろうか。Friedland and Alford (1991) によれば，制度の象徴性を有意味なものとして理解できるのは，それが我々の生活を組織化する限りである（p. 246）。Jepperson (1991) も同様に，制度は産出システム（production systems）であり，持続的行為の前提を供給する限り，その象徴性が認識されるものであった（p. 145）。この両者の主張で重要なのは，我々研究者も，制度を共有することで始めて行為を理解できることに，自覚的であれと警笛を鳴らしていたことである。すなわち，既存のイデオロギーに無自覚に加担し，これを再生産するだけでは，制度分析の名に値しない（Jepperson 1991, p. 159 ; Friedland and Alford 1991, p. 260）。

　この理論的含意を，制度派組織論が確かに受け止めて来たとは言えない。Hasselbladh and Kallinikos（2000）が指摘するように，制度派組織論は，自身が生み出した言説である正当化（legitimization）や同型化（isomorphism）のイメージに囚われ，担体をこれらの要件に適合するだけの主体として分析してきた。この傾向は，象徴的な制度の多様性や物質的な実践の多様性を強調する，現在の制度派組織論でも続いている。Hirsch and Lounsbury（2014）によれば，全てが過剰に正当化されるのみであり，批判の精神を亡くした制度派組織論は，増々退屈になってしまった（p. 1）。具体的には，格差，搾取，イデオロギー，階級，労働者，ヘゲモニーなどの論争的なテーマが，コンセンサス，権限移譲，ネットワーク，コンプライアンスなどの消毒された（sanitized）用語に取って代わり（p. 2），今や行為は，型へと還元されるのを待つのみになっている（p. 1）。

　ここにきて，物質性概念で重要なのは，それが，こうした自他の認識に対する批判の精神にどのように繋がるかについての方法論的考察である。

Ⅲ．二律背反概念の方法論的含意

　制度の象徴性と物質性の理論的含意を深耕すべく，ここでは，カントの超越論的認識論における二律背反概念を参照する。なぜ，今カントを振り返る必要があるのか。それは，制度派組織論の理論的基礎である，ウェーバーの理念型を再考するためである。周知の如く，理念型は，カントの超越論的認識論を根拠とし（e. g., Alblow 1990），カントの二律背反概念が理念型の方法論を読み解く鍵概念との指摘もある（Owen 1994）。以下，こうした理論的背景に依拠することで，理念型に込められた二律背反の方法論的含意である，

自他の認識に対する批判の精神を再訪する。

西洋の官僚制化を通じた近代化の分析を行ったウェーバーにとって，理念型とは，認識対象の内，ある特定の側面を極端に強調したものである（Weber 1904, 翻訳書113頁）。こうした理念型は，ひとつだけ用いたとしても，予定調和の分析しか期待できないため，あらかじめ複数の理念型を用意し，特定の理念型には当てはまらない対象との差分へと，他の理念型によって強制的に注意を向けさせることが肝心であると強調されていた（Weber 1904, 翻訳書，139頁）。例えば，ウェーバーによる代表的な官僚制組織の分析では，合理合法，カリスマ，伝統という3つの支配の類型が用いられていた。没人格的，没価値的な支配を意味する合理合法を体現したのが，純粋な官僚制組織であると想定された一方，カリスマ的官僚制組織や伝統的官僚制組織などの理念型をも案出し，官僚制組織に残存し続ける複数の支配の具象化が分析されていた（Weber 1956）。

制度派組織論は，この理念型の方法論と近代化・官僚制化論に依拠しつつ，現代的な組織化の原理，すなわち，制度を論じるべく誕生した。嚆矢となったMayer and Rowan（1977）では，公式組織が社会的に物象化された制度であることを改めて確認し，市場圧力だけでなく，その専門性や法的拘束力などの異種混合性における弱連結（loose-coupling）を主題にした。DiMaggio and Powell（1983）は，より具体的な比較分析の枠組みとして，規制的，規範的，模倣的同型化メカニズムを提示した。つまり，合理合法，カリスマ，伝統という理念型の現代的変奏として，制度概念が再訪されたのである（Beckert 2010）。

ところが，理念型であるはずの同型化メカニズムが記述モデルとして誤解され，個々のメカニズムを単独に用いる研究が広がった（Mizruchi and Fein 1999）。誤解された背景には，ウェーバーによる「鉄の檻（iron cage）」という印象的なメタファーがあり，DiMaggio and Powell（1983）が，これを題名に掲げたことが挙げられる。Kraatz and Zajac（1996）は，制度派組織論がこうしたメタファーに囚われ，組織への市場メカニズムの影響を軽視してきたと，事例分析を用いつつ批判した。しかし，彼らも，市場のメカニズムを確認するに留まる限り，制度の象徴的な同型化を，物質的な同質化

(homogenization) と錯誤した既存研究と同様の問題を抱えていた。

ウェーバーの理念型は，こうした錯誤による理論の過剰な一般化にも，個別事例の単なる記述にも陥らない，比較分析を目指した方法であった。その理論的根拠は，Owen（1996）によれば，カントの二律背反的概念にあった。二律背反とは，矛盾する命題が同時に成立することを指す（Kant 1787, 翻訳書，101頁）。例えば，理性と経験に関する相対主義と絶対主義の対立などの論争である。ここで重要なのは，Alison（2012）によれば，カントの二律背反とは，解消しようとする以前に既に矛盾として与えられているという，発想の転換で理解しなければならないことである（p. 16）。つまり，我々の認識は，理性と経験も含めた二律背反を認識前提として成立する。もしそうなら，相対主義や絶対主義を完全に避けられないため，自他の認識に内在する矛盾を自覚するしか，批判的な認識の方法はない。

こうした理論的背景を鑑みると，制度の象徴性と物質性とは，以下のように位置づけるのが適切である。すなわち，制度の象徴性と物質性もまた相互に矛盾する認識前提，言い換えれば，二律背反的な理念型として位置づけられる。二律背反的な理念型である象徴性と物質性は，自他の認識に対して批判的な分析へと用いられるが，特に物質性は，我々研究者が言説的に把握できない世界への接続を図る認識装置となる。もちろん，理念型は複数の認識に批判的に挑むためのものであるから，分析対象が制度の象徴性と物質性どれに該当するか，確認するだけでは不十分である。ウェーバーが官僚制組織の内に，再びカリスマと伝統の支配を見たように，制度の象徴性と物質性を繰り返し適用することで，研究者が持ち込む制度のイメージを修正していく必要がある。

IV. 二律背反的な制度分析へ向けて

それでは二律背反を認識前提とすると，制度派組織論は，具体的にいかなる分析を行えるのか。ここでは，Mohr and Duquenne（1997）の事例分析を例に取り上げる。彼らの研究目的は，20世紀前後の貧困者救済（poverty relief）制度を分析対象に，文化的象徴と物質的実践の関係性を構造的に視覚

化することで，その組織化の原理を明らかにすることであった（p.306）。彼らは，中心的な理論的背景をFriedland and Alford (1991) に負っていたが，カントの二律背反概念に直接言及していたわけではない。だが，特定の文化的象徴の意味を分析する際には，文化的象徴が適用される物質的対象に注意を払う必要性を強調していた（pp.322-325）。すなわち，制度の象徴性として取り上げられた対象の内に，それを利用してなされる実践という物質性を読み込むのである。明示的ではないが，この点から，彼らが，二律背反と同様の認識前提を置いていたことが推測される。

分析の際には，公式モデルの発展に寄与すべく，離散数学から生まれたラティス構造（lattice structure）という分析ツールが用いられた（Mohr and Duquenne 1997, pp.307-308）。ラティス構造は，複数の異なる次元に帰属されるデータに序列構造を与えると同時に，各次元間の相互依存関係をネットワーク状に視覚化するツールである。例えば，社会的ランクと物質的所有の関係を分析したSchwiezer (1993) では，どの社会的ランクが所有するかに従い，物材の地位的価値が構成され，どの物財を所有するかで，社会的ランクも構成される。こうした相互構成を前提に，行列表に社会階層と物財の類型を配置し，離散的にデータをプロットし，専門のアルゴリズムを用いて複数の次元を同時に焦点とした階層化，ネットワーク化を行う。Mohr and Duquenne (1997) によれば，ラティス構造は，データ変換自体より，解釈の手がかりを得ることを目的とする（p.307）。

具体的に，Mohr and Duquenne (1997) では，20世紀前後の貧困者救済組織によって，支援対象者を分類するために用いられたラベル（象徴性）と，そのラベルで分類された支援対象者への処方（物質性），という2次元のデータが，ラティス構造へと変換された。これを素材に，いかなる組織化の原理によって分類（象徴性）ないし分業（物質性）がなされているのかが解釈された。そのプロセスは，3段階に分解できる（図を参照）。

第一に，象徴的要素に物質性を見ることである。ここでは最も包括的なPOORから，一段下位に位置するDESTITUTE（極貧）とNEEDY（貧しい）というラベルを例に用いる。それぞれのラベルが該当する支援対象者には，共通要素とは別に独自の処方が見られた。DESTITUTEでは，paidWkという援

図1 Mohr and Duquenne (1997) のラティス構造を用いた解釈図

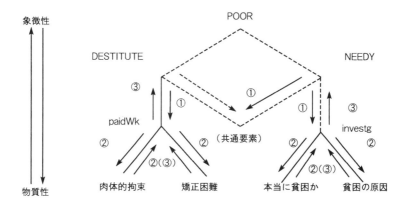

助を受ける交換条件として，何らかの仕事が提供される処方である．NEEDYでは，investgという生活や身辺調査を行う処方である．見逃してはならないのは，これらの処方の特徴から，それが提供されるラベルの特徴を，直接解釈するのではないことである．むしろ，各々のラベルに欠けた処方に注目するという比較手法が，splitsというラティス構造の用語によって強調されていた (p. 331)．これは，ラティス構造内で関連性に欠けた要素どうしを示す用語であり，例えば，split investg/DESTITUTEの場合，DESTITUTEにはinvestgが処方されないことを指す．したがって，splitsとは，それぞれのラベルの象徴性から逸脱する，制度の物質性に注目するための用語である．その具体的な解釈は，後述の第三プロセスにおいてなされる．

第二に，これらの物質的要素の象徴性に注目する．つまり，改めてpaidWkとinvestgという処方が，それを含んだ実践として何を象徴しているのかに注目する．彼らは，より詳細な処方を列挙した．paidWkは，素直に信頼の置けない人物に対して，強制的拘束を引き換えにした援助であり，かつ，様々な要因から矯正困難に陥り，長期間に渡って貧困が続いている人々への処方であった．investgは，貧困の状態を調べるための家計状況や借金の有無等の確認，加えて，貧困の原因を調べるための性格，しつけ，道徳的習慣の確認という2通りの処方が判明した．しかし，これらの詳細な処方から直接，paidWk

と invest の各々の象徴性が解釈されたのではない。その前に，両者に共通して見られる象徴性に注目が置かれていた。すなわち，貧困者救済組織が，支援対象者に対する今後の処方のあり方を考える上で必要となる，貧困に関する情報を得るという象徴性である。第一プロセスとは逆に，それぞれの物質性からは捉えきれない，制度の象徴性に注目していた。より特定的には，paidWk の単に屈辱的なニュアンスだけでなく，investg にも共通して見られる，貧困から抜け出せる可能性を探る適正検査（labor tests）という側面である。

　第三に，分析結果をもとにした，制度の象徴性と物質性における立体的，総合的な把握である。その解釈の方法は以下の通りである。第二プロセスにおいて明らかにされた，paidWk と investg の共通点を基軸に，第一プロセスにおいて強調された DESTITUTE と NEEDY の splits という背反関係を鋭く際立たせ，ここから相互に逆照射される特徴を DESTITUTE と NEEDY へと帰属させるのである。具体的には，一方で，investg の貧困からの脱出が見込まれ，監視の必要がない貧困者救済組織からの信頼の高さが逆照射され，DESTITUTE への差別的なニュアンスを読み取る。他方で，paidWk の貧困からの脱出が疑われ，監視の必要がある貧困者救済組織からの信頼の低さが逆照射され，NEEDY が社会的地位の認められた中流以上の階級を指していたと読み取る。このように，当時の貧困者救済制度における，支配的な組織化の原理の一つが，社会階層の影響が濃厚に反映されていたのである。

　こうした分析は，次の事実を考慮した時，その発見事実の価値が認められる。現代の DESTITUTE には，階層構造による支援対象者の識別機能は消失していた。paidWk もまた，階級の差なく一般に厄介とされる人物に処方されるようになった。これらの現代の言説を無批判に持ち込み，当時の貧困者救済制度の象徴性と物質性の分析をしたとしても，社会階層との関係を見逃していた可能性がある。というのは，DESTITUTE と NEEDY の物質性を確認するだけでは，例えば，当時の paidWk はあまり普及していなかったと判断し，それ以上の考察へと進まない恐れがある。既存の言説に囚われないよう批判的であるためには，制度の象徴性と物質性という二律背反的な認識前提を，分析対象に繰り返し適用し，かつ，一方の次元には回収されない他方の次元に注目する必要がある。

V. おわりに

これまで，制度の象徴性と物質性を，カントまで遡る制度派組織論の理論的背景に依拠することで，二律背反的な理念型に基づいた，自他の認識を批判する方法として議論してきた。最後に，本稿の議論が，近年の制度派組織論に対して，どのような理論的含意があるのかを改めて考察したい。

制度派組織論は，制度化された実践のダイナミクスの説明という，極めて一般性と学際性の高い理論的課題を掲げ，現在，経営学において最も参照される領域となった (Thornton, Ocasio and Lounsbury 2012, pp. 1-6)。他方で，その抽象度の高さゆえ，元々の理論的関心にあった「組織」が，無味乾燥な制度概念へと回収されてしまい，自己同一性の危機が叫ばれている (Greenwood, Hinings and Whetten 2014)。しかし，制度派組織論とは元々，ウェーバーがそうであったように，自他の認識に批判的でありつつ，対象の多様性に迫ることを使命としていた。それは，過剰な相対主義にも絶対主義にも陥らない，認識の批判のあり方を論じたカントに，哲学的根拠を置く伝統である。近年関心を寄せられる，制度の象徴性と物質性もまた，対象の多様性に迫るための二律背反的な理念型として用いてこそ，制度派組織論の使命を果たせるのである。

参考文献
Albrow, M. (1990), *Max Weber's Construction of Social Theory*, St. Martin's Press.
Allison, H. E. (2012), "Commentary on Section Nine of the Antinomy of Pure Reason," in *Essays on Kant*, Oxford University Press.
Beckert, J. (2010), "Institutional Isomorphism Revisited: Convergence and Divergence in Institutional Change," *Sociological Theory,* Vol. 28, No. 2, pp. 150-166.
Davis, G. and Greve, H. (1997), "Corporate Elite Networks and Governance Changes in the 1980s," *The American Journal of Sociology,* Vol. 103, No. 1, pp. 1-37.
DiMaggio, P. J. and Powell, W. W. (1991), "The Iron Cage Revisited: Institutional Isomorphism and Collective Rationality," In Powell, W. W. and DiMaggio P. J. eds., *The New Institutionalism in Organizational Analysis,* University of Chicago Press, pp. 63-82.
Friedland, R. and Alford, R. (1991), "Bringing Society Back In: Symbols, Practices, and Institutional Contradictions," In Powell, W. W. and DiMaggio, P. J. eds., *The New Institutionalism in Organizational Analysis,* University of Chicago Press, pp. 232-265.

Greenwood, R., Hinings, C. R. and Whetten, D. (2014), "Rethinking Institutions and Organizations," *Journal of Management Studies*, Vol. 51, No. 7, pp. 1206-1220.

Hasselbladh, H. and Kallinikos, J. (2000), "The Project of Rationalization: A Critique and Reappraisal of Neo-Institutionalism in Organization Studies," *Organization Studies*, Vol. 21, No. 4, pp. 697-720.

Hirsch, P. and Lounsbury, M. (2014), "Toward a More Critical and Powerful Institutionalism," *Journal of Management Inquiry*, pp. 1-4.

Hoffman, A. J. (2001), "Linking Organizational and Field-Level Analyses the Diffusion of Corporate Environmental Practice," *Organization and Environment*, Vol. 14, No. 2, pp. 133-156.

Jepperson, R. (1991), "Institutions, Institutional Effects and Institutionalism," In Powell, W. W. and DiMaggio, P. J. eds., *The New Institutionalism in Organizational Analysis*, University of Chicago Press, pp. 143-163.

Jones, C., Boxenbaum, E. and Anthony, C. (2013), "The Immateriality of Material Practices in Institutional Logics," *Research in the Sociology of Organizations*, Vol. 39, pp. 51-75.

Kant, I. (1787), *Kritik der reinen Vernunft*, Hamburg: Felix Meirer. (篠田英雄訳『純粋理性批判（中）』岩波文庫，1961年。)

Kraatz, M. S. and Zajac, E. J. (1996), "Exploring the Limits of the New Institutionalism: The Causes and Consequences of Illegitimate Organizational Change," *American Sociological Review*, Vol. 61, No. 5, pp. 812-836.

Meyer, J. W. and Rowan, B. (1991), "Institutionalized Organizations: Formal Structure as Myth and Ceremony," In Powell, W. W. and DiMaggio, P. J. eds., *The New Institutionalism in Organizational Analysis*, University of Chicago Press, pp. 41-62.

Mizruchi, M. S. and Fein, L. C. (1999), "The Social Construction of Organizational Knowledge: A Study of the Uses of Coercive, Mimetic, and Normative Isomorphism," *Administrative Science Quarterly*, Vol. 44, No. 4, pp. 653-683.

Mohr, J. W. and Duquenne, V. (1997), "The Duality of Culture and Practice: Poverty Relief in New York City, 1988-1917," *Theory and Society*, Vol. 26, No. 2, pp. 305-356.

Owen, D. (1994), *Maturity and modernity: Nietzsche, Weber, Foucault and the ambivalence of reason*, Routledge. (宮原浩二郎・名部圭一訳『成熟と近代——ニーチェ・ウェーバー・フーコーの系譜学——』新曜社，2002年。)

Pinch, T. (2008), "Technology and Institutions: Living in a Material World," *Theory and Society*, Vol. 37, No. 5, pp. 461-483.

Reddy, M. J. (1979), "The Conduit Metaphor: A Case of Frame Conflict in our Language about Language," In Ortony, A. (Ed.), *Metaphor and thought*, Cambridge University Press, pp. 164-201.

Sahlin-Andersson, K. and Engwall, L. (Eds.) (2002), *The Expansion of Management Knowledge: Carriers, Flows, and Sources*, Stanford University Press.

Schweizer, T. (1993), "The Dual Ordering of People and Possessions," *Current Anthropology*, Vol. 34, No. 4, pp. 469-483.

Scott, W. R. (1995), *Institutions and Organizations*, Sage Publication. (河野昭三・板橋慶明訳『制度と組織』税務経理協会，1998年。)

Scott, W. R. (2008), *Institutions and Organizations: Ideas and Interests*, Sage Publication.

Thornton, P. H., Ocasio, W. and Lounsbury, M. (2012), *The Institutional Logics Perspective:*

A New Approach to Culture, Structure and Process, Oxford University Press.
Weber, M. (1904), *Die 'Objektivität' Sozialwissenschaftlicher und Sozialpolitischer Erkenntnis,* Archiv für Sozialwissenschaft und Sozialpolitik, Bd. 19, Tübingen: J. C. B. Mohr, S. 22-87. (富永祐治・立野保男・折原　浩訳『社会科学と社会政策にかかわる認識の「客観性」』岩波書店, 1998年。)
Weber, M. (1956), *Wirtschaft und Gesellschaft, Grundriss der verstehenden Soziologie,* Zweiter Halbband, Tübingen: J. C. B. Mohr (世良晃志郎訳『支配の社会学（Ⅰ・Ⅱ）』創文社, 1960年。)

8 地域社会レベルからみる企業の社会的責任

津久井　稲　緒

Ⅰ．はじめに

　企業の社会的責任論は，19世紀終盤の第二次産業革命期とそれに続く20世紀中葉にかけて，企業の経済活動と社会との相互関係性において，雇用問題・公害問題など，現実的かつ切実な問題を契機として発現してきた議論である。今日では，地球環境・貧困・雇用・安全対策・内部統制・市場の透明性など，そこで取り扱う問題は拡大を続けており，企業には，市場のみならず，公益にかなう活動が求められている。

　本論では，企業の社会的責任論史をふまえ，「地域社会レベル」を提起する。地域社会を複数のレベルに整理することで，漠然としている公益にかなう役割責任の認識が可能になるからである。そして，各レベルの課題に応えていく中で，異なる地域社会レベルの課題を随伴的に浮上させてきたことを明らかにし，今後の企業の社会的責任の方向性について言及する。

Ⅱ．企業の社会的責任論史にみる責任概念の変化

1．現代企業の出現と企業の社会的責任論

　企業の社会的責任論は，19世紀終盤の第二次産業革命期とそれに続く20世紀中葉にかけて，企業の経済活動と社会との相互関係性において，雇用問題・公害問題など，現実的かつ切実な問題を契機として発現してきた議論である。わが国では，企業の社会的責任という考え方そのものは，石田梅岩や近江商人の三方よしなど，江戸時代中期から存在することが認められているが，学問として立てられた「企業の社会的責任論」の黎明期には肯定・否定論争が

展開され，今日では，その考え方が肯定あるいは所与とされ，企業内部でのCSR部門の設置や国際的議論の展開，文献数の増加等，さらなる高まりが見られる。

書物として，経営学において最初に取り上げられたのはシェルドンの『経営管理の哲学（Sheldon 1924）』であるが，当時は，「経営者」の社会的責任として議論がなされていた。今日の企業の社会的責任論へと，主体が経営者から企業へ変わったことは，いかなる意味を持つのだろうか。

ドラッカーによれば，「企業の社会的責任は，社会的課題（social problems）と社会的衝撃（social impacts）の二分野から起こる（Drucker 1974）」。第二次産業革命期とそれに続く時代は，企業の経済活動と社会との相互関係性において，現実的かつ切実な問題（イギリスにおける雇用問題，ドイツにおける戦争責任，アメリカにおける独占・慈善活動・科学的管理，日本における公害問題など）が，大きく看過することができなくなってきたときである。これらの問題について，企業が責任を負うべきなのか（肯定論），または経済発展を共に享受している国や社会が負うべきなのか（否定論，企業は利潤目標の達成にのみ注力すべし），社会的衝撃をめぐって肯定・否定論争が展開された。[2]この論争は肯定に軍配が上がり，今日では，企業の社会的責任を所与とした上で，具体的に企業は何に取り組むべきなのか，何に取り組めば得になるのかが，議論されている。[3]

20世紀，企業はその規模を急速に巨大化させた。企業の大規模化は，単なる量的変化に留まらず，質的変化，企業の性格の変容をもたらし，そして社会を大きく変えた。社会的責任論の主体が，経営者から企業へと変わった理由は，現代企業の性格が変容したことにある。現代企業は大規模化と共にその性格も変えた。「現代企業は何よりも維持・発展を求められ，つぶれることが許されない制度体（三戸・池内・勝部 2011）」となったのである。大企業の年間売上高は一国のGNPに匹敵する規模にまでなり，企業規模に関わらず，雇用・医療年金などの福祉・財サービスの提供など，その行動は，多くの人々に，多くの社会に，影響を与えている。企業の社会的責任論は，現代企業の出現により発現したといえる。

2．企業の社会的責任論における責任概念の変化

一般に「責任」という言葉は，「役割」と「結果」という2つの意味を持って使われているが，企業の社会的責任論も，この2つの責任概念から二段階で把握することができる。第一段階は「結果責任」をめぐる肯定・否定論争が展開された企業の社会的責任論黎明期で，第二段階は「役割責任」をめぐる議論がなされている今日である（津久井 2007）。

三戸によれば，結果には目的的結果と随伴的結果がある。何等かの目的を設定し，その目的に対して行為した結果である目的の達成や未達成は，「目的的結果」である。「随伴的結果」は，当初の目的設定の際に求めた結果ではなく，この目的―行為―目的的結果（達成 or 未達成）という一連の活動に付随して生じる，「求めざりし結果」である。随伴的結果は，目的的結果の追求から必然的に生ずるものであり，三戸は，「協働行為が組織的行為として大きくなり，科学技術によって武装せられてくると，目的的結果は巨大なものとなり，そしてまた随伴的結果も巨大なものとなる」ことを指摘する（三戸 1994）。

従来，企業は市場内部における経済活動で目的的結果の未達成に対して結果責任を問われてきた。しかし雇用問題や公害等の社会的衝撃は，その原因が企業だけに起因するのではなく，企業の経済活動と社会との相互関係性において生じた随伴的結果である。「企業の社会的責任論の黎明期（1950～70年代中期）に展開された肯定・否定論争は，企業の経済活動に付随して生じた社会的衝撃をめぐって，企業が責任を負うべきなのか（肯定論），または経済発展を享受する国や社会が負うべきなのか（企業は利潤目標の達成にのみ注力すべし，否定論），「結果責任」をめぐる論争だった」とみることができ，その論争の行方は，企業は社会的衝撃にまで結果責任を負うという，「結果責任概念の拡張」に決着した（津久井 2007）。

ヨナスによれば，責任という語は「過去の行為に起因する因果的結果の計測としての責任」と「なされるべきことに対する責任―力あるものの義務」に区別される。また，「（倫理学的に）必要な知識は，必然的に，その時代にはまだ獲得されていない知識である」と指摘する（Jonas 1979）。これには，先の役割と結果の説明に加えて，時間の概念が含まれている。企業の社会的責任を議論する上で，この時間という概念を持ち込むことには重要な意味が

ある。

　責任の時間という観点から，一個の人間と現代企業の違いを考えると，それは人間には生の終わりと共に責任の終点があるのに対し，現代企業には制度体としてゴーイングコンサーンが求められることから，責任をとるべき時間の範囲にピリオドを打つのが難しいという点があげられる。責任をとるべき時間の範囲が，個人と比較して企業の場合は，長期化しているのである。

　日本の企業の社会的責任論の契機である公害問題を例に取れば，水俣病が発生したときの新日本窒素肥料株式会社と，現在のチッソ株式会社[5]とでは，社名も社長も社員も変わっているが，企業がその責任を引き継いでいる。長期間にわたる補償は企業が行っている。企業の社会的責任論は，過去の問題に対して，その当時の人々だけが向き合えばいいというものではなく，歴史とともに変化を続ける現在の企業に働く人々にも，公害という問題と向き合うことを要求する。問題を起こした当時の経営者や関係者が責任をとり辞任しても，次の時代の経営者，次の時代の企業，次の時代のそこに働く人々は，過去に生じた問題と向き合うことを要求される。

　また，このことは，企業が結果責任をどのように果たしていくか，という実践部分にも変更を迫ることとなる。企業は法的な制裁（刑事・民事訴訟の判決）に従うだけでなく，マスコミを通じた謝罪（新聞でのお詫び広告やテレビでの会見等）や慰霊碑の建立（水俣病，JAL御巣鷹山事故等）など，結果責任をどのようにとるか，これまでとは異なるけじめのつけ方を，社会から求められている。

　一方，第二段階の今日の企業の社会的責任論は，社会的課題と社会的衝撃の双方について「役割責任」をめぐる議論とみることができる（津久井 2007）（図1）。地球環境問題や途上国の貧困，女性の活用など広範な社会的課題に対しては，ソーシャルビジネスや社会貢献などの役割責任が求められ，また，頻発する社会的衝撃（不祥事，事故など）に対しては，経営倫理教育や，社内統制システムといった制度構築などの役割責任が求められている。CSRランキングやSRIファンドへの組み入れは，企業がどのような役割責任を引き受けているかで決定されている。企業がいかに広範の社会的課題（地球環境，貧困，雇用等）を察知し役割責任として引き受けていくか，また，いかに社

会的衝撃の防止措置（安全対策，内部統制，市場の透明性等）を講じて役割責任を果たしていくか，今日の企業の社会的責任論は，「役割責任の拡大化」を指向していると把握できる。

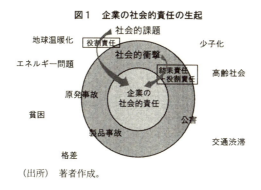

図1　企業の社会的責任の生起

（出所）　著者作成。

しかし，「役割責任の拡大化」は，そこから必然的に生起する随伴的結果まで含めた社会的衝撃の拡大をも同時に意味しており，企業の社会的責任を無邪気に称賛することはできない。企業の社会的責任には，何を役割責任として引き受けるのかということと，結果責任をとれるのか（どのようにとるのか），ということとを，対で考えていくことが必要なのである（津久井 2010）。

3．今日の社会的責任論の課題

今日の企業の社会的責任論は「役割責任の拡大化」を指向しており，役割責任をどのように認識するかということと，それにいかに取り組むか，ということが課題とされている。しかし現実問題として，広範な社会的圧力や社会的要求に対して，企業は無限定に対応していくことはできない。また，個別企業が具体的に何に取り組むかを認識することやそれに適切に取り組むことは，それほど容易ではない。研究成果としての具体的内容の特定化は，「実情を知る上で便利だが，特殊・羅列的で時代変化に弱い（森本 1994）」ということが指摘されている。今日の企業には，CSR の具体的内容が特定化されていない中で，実践が求められているのであり，企業はそれぞれ独自の観点から，何に取り組むかを決めているといえる。

谷本は，「個々の企業がそれぞれにやりたいこと，やれることだけを自由に

やるということで，持続可能な経済社会づくりにつながっていくであろうか」と疑問を呈し，企業はマクロ政策の視点を持つこと，ステークホルダーは社会的問題に対する関心を高めていく必要があることを，指摘する（谷本 2006）[6]。企業実践の観点では，小山の指摘によれば，未知のソーシャルイシューにはステークホルダー・マネジメントが，既知のソーシャルイシューにはソーシャルイシュー・マネジメントが適している（小山 2011）。実際，多くの企業は，GRIガイドラインやISO26000，国連グローバルコンパクト等の様々なガイドラインやフレームワークを参考に，ステークホルダーとの対話をする中から役割責任の特定を行っている[7]。これは，一企業が，地球規模的な課題から会社の一事業所・一店舗という距離的に身近な課題までを広範に，検討対象としなければならないことを意味している。

　こうした実践における役割責任の特定化作業に寄与することを目的として，本論は，多層からなる公益にかなう役割責任の認識には，地域社会というステークホルダーに着目することが有用であると考え，以下に「地域社会レベル」を提起する。

Ⅲ．地域社会レベルの提示と社会的責任の内容

　企業の社会的責任論において地域社会との関係が俎上にのせられた例としては，わが国では，70年代に企業活動を直接原因とする公害問題が地域社会に深刻な被害を与え，結果責任が求められたことや，80年代に日本企業が米国進出した際に，現地コミュニティから企業市民としてのふるまいを求められたことなどを，挙げることができる。そして現在は，「新しい公共」という考え方[8]のもと，地域の公共経営を協働する担い手としての役割が求められている。一般に，地域社会はステークホルダー図を描く際，一括りにされ取り扱われることが多いが，実際は多様なレベルからなり，そこで扱われる課題も広範である（表1）。

　ここでは，各地域社会レベルにおいて議論される企業の社会的責任論を考察した上で，各地域社会レベル間の関係について検討する。

表1　地域社会レベル

地域社会レベル	レベルがあらわす範囲や層など
グローバル・レベル	地球社会
リージョナル・レベル	複数国家を含む地域経済圏 欧州連合(EU),北米自由貿易協定(NAFTA),東南アジア諸国連合(ASEAN),アジア太平洋経済協力会議（APEC）環太平洋パートナーシップ（TPP）など
ナショナル・レベル	国民国家
ローカル・レベル(A)	一国内の地域・地方・都市のうち，広域自治体レベル（都道府県域）
ローカル・レベル(B)	一国内の地域・地方・都市のうち，基礎自治体レベル（市区町村域） 団体自治の最小レベル
ネイバーフッド・レベル	地理・時間的な隣近所，町内，近隣，近所

（出所）　津久井稲緒（2014），「CSRとコミュニティ政策」経営哲学学会『経営哲学』第11巻1号。

1．ネイバーフッド・レベル

　ネイバーフッド・レベルは，企業の本社屋や工場等と地理・時間的に隣接する地域を指し，町内，近隣，近所などの言葉で表される。わが国では，70年代に企業活動を直接原因とする公害問題がネイバーフッド・レベルに深刻な被害を与え結果責任が求められたことが挙げられる。地方都市に進出した自動車組立工場を受け入れた地元住民の企業に対する期待調査によれば，「公害を起こさない（1位）」，「雇用の場の提供（2位）」，「良いものの生産・流通（3位）」となっている（三浦 2004）。企業は，こうした期待に応えながらネイバーフッド・レベルとの良好な関係を築いているが，企業がひとたびその地域からの撤退・移転をすると，それはローカル・レベル（A）（B）やナショナル・レベルの課題を浮上させる。

2．ローカル・レベル（B）

　ローカル・レベル（B）は，一国内の地方都市のうち，地方自治体の最小単位程度である基礎自治体等の範囲を指す。日本とは異なる企業町の生成過程を辿った19世紀のアメリカの状況について，ヘルドは以下のように示している。「インダストリアリズムの核は，人口の集中地帯から遠く離れた場所に立地され，しばしば一人の人間または一個の企業によって創り出されたのであっ

た。…中略…社宅，物資販売所，図書館，学校，およびそれに類する施設が，しばしば使用者の手で，安定した満足のいく労働力を引き付けるため提供された（Heald 1970）」。このように，先進資本主義国の多くは，各企業が独自に福祉制度を創設し，そのサービスがその企業でだけ働いている人にもたらされ，その後国が統一的な制度を創設して，労働者がそれに加入する方向に進んできた（橘木 2005）。企業が従業員向けに実施していた福祉政策は，ローカル・レベル（B）の課題として把握できる。第二次世界大戦以降，米国企業は都市の厚生施設やレクリエーション施設への援助，芸術・文化事業への援助などの，コミュニティ・リレーションズへの関与を拡大し，80年代に日本企業が米国進出した際には，現地コミュニティから企業市民としてのふるまいを求められた。一般に，「良き企業市民」というときの地域社会レベルは，ローカル・レベル（B）で捉えられる[9]。

　近年の日本の事例として，「横浜市地域貢献企業支援事業」を挙げることができる。これは，（公財）横浜企業経営支援財団が実施するもので，「横浜市民を積極的に雇用している，市内企業との取引を重視しているなど，地域を意識した経営を行うとともに，本業及びその他の活動を通じて，環境保全活動，地域ボランティア活動などの社会的事業に取り組んでいる企業等を，一定の基準の下に「横浜型地域貢献企業」として認定し，その成長・発展を支援する制度[10]」である。認定された企業には認定マークが付与され，広報支援や低利融資等を受けることができる[11]。しかしこのことは，同時にローカル・レベル（A）やナショナル・レベルにおける，雇用，経済活動，環境保全の課題を浮上させる。

3．ローカル・レベル（A）

　ローカル・レベル（A）とは，一国内の地方都市のうち，日本では都道府県等の広域自治体等の範囲を指す。地域の安全・安心等を担う警察や医療等の政策が実施されるレベルである。先述の三浦の調査によれば，地方都市に進出した自動車組立工場を受け入れた地元住民の企業に対する期待の2位は，雇用の場の提供である。「企業は進出，発展，拡大するのみならず，不況や産業構造の転換によって，縮小，閉鎖されることも当然ある。ある都市が巨大

な一企業に支配されている企業城下町ほど，企業経営の浮沈の地域社会に及ぼす影響は大きい（三浦 2004)」とされる。また，公害について，直接的な被害はネイバーフッド・レベルに生じるが，我が国の公害の歴史を見れば，患者救済（医療費や補償等）に関する認定等は都道府県が行ってきたことから，ローカル・レベル（A）の課題ともいえる。

"Everyday-Low-Price"で知られるウォルマートは，2000年前後に，低所得者向けセーフティネットプログラムに依存しているとの批判が高まった。「最低所得水準に達しない労働者，医療保険が十分でなく公的負担を伴う労働者に関しては，一部税金が投入されることになる。特にウォルマートで買い物をしない消費者は，一方的にウォルマートの従業員のコストを負担していることになる（日本政策投資銀行ロサンゼルス事務所 2004)」という批判である。大企業の雇用，給与水準は，ローカル・レベル（A）の社会福祉政策を左右する。

さらに，気候変動に伴う大規模自然災害の頻発により，災害対応思想が，防災から減災・レジリエンスへ転換した[12]。防災思想の下では，主に公が，防災拠点の整備や飲料等の備蓄という役割を担ってきた。しかし，減災・レジリエンス思想の下では，自助・共助・公助の協働により，人命を守り，早期復旧を可能とする機能や条件等の整備を強化する。自助・共助・公助の発揮できる下地づくりを平時から促進し，公民連携による災害対策が求められており，こうした観点から，自治体と企業との災害時の支援に関する連携協定が進められている。東京都やさいたま市，横浜市などの大都市で実施されている「災害時の一斉帰宅抑制」はその一例である。2011 (H23) 年3月11日に発生した東日本大震災では，震度5強の揺れを観測した首都圏のほとんどの鉄道が運行を停止し，都心部のオフィスや学校には多くの通勤・通学者が帰宅の足を奪われ帰宅困難者となった。車道は夜通し大渋滞となり，歩道は徒歩帰宅をする人々の行列が深夜まで続いた。こうした状況をふまえ，広域自治体では地域の救助・救急，消火，緊急輸送活動の円滑化のために，帰宅困難者の発生抑制を図るべく，企業等に従業員等を一定期間事業所内に留めておくように，待機させるための環境整備，物資の備蓄を推進している。賛同企業には賛同確認票に記名・捺印を求め，ホームページ等による紹介を行っ

ている。これは，都道府県と大都市政令指定都市が講じているものであり，ローカル・レベル（A）の課題とみなされる。

4．ナショナル・レベル

　ナショナル・レベルは，国民国家レベルを指す。2009（H21）年夏の総選挙により政権交代をした民主党の鳩山元総理により，同年10月の第173回臨時国会・総理所信表明演説において「新しい公共」の考え方が示された。これを受けて2010（H22）年1月，総理主催の新しい公共円卓会議が設置され，同年6月4日に新しい公共宣言が発表された。同宣言によれば，「新しい公共」とは，「人を支えるという役割を，「官」と言われる人たちだけが担うのではなく，教育や子育て，街づくり，防犯や防災，医療や福祉などに地域でかかわっておられる方々一人ひとりにも参加していただき，それを社会全体として応援しようという新しい価値観）」[13]とされる。こうした考え方を背景に，企業には公共経営を協働する担い手としての役割が求められている。例えば，高齢化社会や少子化社会，女性の社会進出などへの対応が挙げられる。

　しかし，日本のエネルギー問題・環境問題への対応策として，原子力発電により公共を担ってきた東京電力㈱は，2011（H23）年3月に全てのレベルを震撼させる原子力事故を惹き起こし，いまだ事態の収束方向はつかめておらず，公共を担う難しさに直面している。

5．リージョナル・レベル

　リージョナル・レベルは，複数国家を含む地域経済圏を指す。従来の後発国に見受けられた輸入－国内生産（輸入代替）－輸出という雁行型の産業発展モデルではなく，現在は，発達した物流網とEPA（経済連携協定）等を活用した分業ネットワークの産業発展モデルが進行している。1990年代以降，国際経済環境や各国の開発戦略の変化により地域統合の動きが加速してきた結果として，EPA／FTAの締結数が年々増加してきている[14]。企業は，こうした経済連携地域での投資，雇用等の課題を担う。しかし，こうした企業の活動が，格差や貧困，自然環境破壊など，グローバル・レベルに負の側面を生じさせていることも指摘されている。

6．グローバル・レベル

グローバル・レベルは，地球市民と表されることもあり，地球全体的な観点を指す。リージョナル・レベルの発展に伴い，グローバル・レベルの課題は浮上してきたともいえる。「国連グローバルコンパクト」は，グローバル化の負の側面に目を向け，グローバル経済を持続可能なものとするために，2000 (H12) 年に正式発足したもので，具体的には，経営戦略および日常業務に取り入れて企業文化とすることや，年次報告書等による報告（COP）が求められている。

また，先述の「良き企業市民」という観点から1990（H 2 ）年に設立された経団連の 1 ％クラブの活動をみると，2000（H12）年以降，国内外を問わずに，災害支援活動がその中心となっている。近年の同クラブの取り組む地域社会の課題が，グローバル・レベルとなっていることを指摘することができる。

Ⅳ．おわりに――企業の社会的責任の方向性――

今日の企業の社会的責任論が拡大化を続ける中，企業には公益にかなう役割責任の引き受けが求められていることを指摘し，それを企業が認識し取り組むための「地域社会レベル」を提起した。地域社会を複数のレベルに整理することで，漠然としている公益にかなう役割責任の認識が可能になる。また，企業の社会的責任は，多様な地域社会レベルから求められていることも明らかになった。多様な地域社会レベルから社会的責任が求められるということは，企業には同時に複数の課題に対応することが求められていることといえる。さらに，企業は，ある一側面にのみ応えるのではなく，多面的に応える必要性があることを示している。

最後に，企業の社会的責任論の今後の方向性について述べる。企業の社会的責任論は，公益が企業の役割責任である，というところまで拡大化を続けてきた。企業の社会的責任論においては，何を役割責任として引き受けるのかということと，結果責任をとれるのか（どのようにとるのか）ということ

を，対で考えていく必要がある。また，公益にかなう役割責任の引き受けについて，各レベルの課題に応えていく中で，異なる地域社会レベルの課題を随伴的に浮上させてきたことを考慮すれば，今後は，個別企業で役割責任を決定し引き受けることのみならず，一部については，他主体との協働により役割責任を決定し引き受けることが，求められるのではないだろうか。近年見受けられる，企業とNPOとの協働，自治体と企業との包括協定等は，役割責任と結果責任の両方を果たすことを可能とする，現実的な方向性として認めることができよう。

注
* 本論は，平成26年度科学研究費補助金・奨励研究「自治体と企業による包括協定の現状と課題」の研究成果の一部である。
1) 公益とは，一般に「社会全般，公共の利益」をいい，対義語は私益である。法人における公益という文脈では，「公益社団法人及び公益財団法人の認定等に関する法律(平成18年6月2日法律第49号)」第一条(目的)に「民間の団体が自発的に行う公益を目的とする事業の実施が公益の増進のために重要となっている」(ことにかんがみ，公益法人を認定する制度を設ける)ことが示されており，第二条(定義)で公益目的事業とは「学術，技芸，慈善，その他の公益に関する別表各号に掲げる種類の事業であって，<u>不特定かつ多数の者の利益の増進に寄与するもの</u>」をいう(下線筆者)。また，「公共」について，国家が推し進めるものが公共であった時代から，現在は，公共事業の公共性が問われる時代となっており，田中は「共同性が国家的公共性から自由になり，実際の共同のあり方から公共性を構想してゆく回路が，(消極的な意味で)開かれた」ことを指摘している(田中 2010)。また，松下は地域社会の中で公共性が形成されてゆく過程を，「①個人の解決能力をこえる公共独自の「問題領域」があるかどうか，②どの政府レベルで資源の集中効果を発揮できる「解決手法」をみいだせるか，③政策・制度としての「市民合意」がえられるか」と述べている(松下・西尾・新藤 2002)。本論における公益とは，国家や地方公共団体が唱える公益ではなく，「市民合意に支えられる社会全般の利益」と考えている。
2) 黎明期の企業の社会的責任論とは社会的衝撃に対する肯定・否定論争であり，社会的課題に対しては社会貢献論として，社会的責任論とは区別されていた。現在は，社会的衝撃と社会的課題を包含する形で，企業の社会的責任論とされている。両者をひとつの議論にまとめたことについては，Carroll (1979) の "A Three-Dimensional Conceptual Model of Corporate Performance" 研究の影響が大きいと考えられる。
3) Frederick (1986) は，現代の企業の社会的責任論を，社会的圧力(social pressure)や社会的要求(social demands)に効果的に反応するための研究をCSR2，経営倫理という概念を企業行動に導入する視点での研究をCSR3，に分類している。Frederickが肯定論者として挙げているのは，Howard Bowen, Joseph McGuire, Adolf Berle, Keith Davis, Prakash Sethi, Joseph Monsen, Richard Eells, Clarence Walton, George Steiner, CED (Committee for Economic Development)。対する，企業の社会的責任を否定する代表論者は，M. Friedman, F. A. Hayek, B. W. Lewis, T. Levitt, H. L. Johnson。
4) ①人が引き受けてなすべき任務。②政治・道徳・法律などの観点から非難されるべき責メ・科トガ」(広辞苑 第六版)。
5) チッソ株式会社HP https://www.chisso.co.jp/index.asp

6) 「これまでの日本社会では,「私」を超える社会的・公共的問題は政府・行政に委ねる「お上依存」の体質が強かった。まして国外の問題,グローバリゼーションの負の側面として顕在化している途上国における環境・人権問題などに対する人々の関心は高くない。グローバルなNGOの運動に共感する人々も多いとはいえない。(谷本 2006)」
7) 例えば,以下を参照。
 ㈱セブン&アイ HLDGS.『CSR Report 2014』重点課題の特定,pp.9-20, http://www.7andi.com/dbps_data/_template_/_user_/_SITE_/localhost/_res/csr/pdf/2014_04.pdf
 三井住友フィナンシャルグループHP「重点課題特定プロセス」
 http://www.smfg.co.jp/responsibility/issue/process/
8) 内閣府「新しい公共」HP http://www5.cao.go.jp/npc/index.html
9) 広島県府中市のマツダ本社には,1978(S53)年にコミュニティ課が設置された。
10) 公益財団法人横浜企業経営支援財団HP http://www.idec.or.jp/index.php
11) 本制度がつくられた当時の横浜市の経済観光局部次長,経営支援課長の吉田正博氏によれば,「大企業も中小企業も,企業の成長発展を考えるときに,本社だけ,あるいは世界を見る目だけで,地域を意識しないということでは,地域の発展はもちろん,企業の発展はないと思うんです。(影山 2009)」
12) 回復力,復元力と訳され,安全防災等の政策的観点からは「災害の事前復興」という考え方をいう。
13) 内閣府(2012)「「新しい公共」に関する取組について」冒頭抜粋。内閣府「新しい公共」HP http://www5.cao.go.jp/npc/index.html
14) 背景として,①欧米諸国が経済的関係の深い近隣諸国との間で貿易・投資の自由化・円滑化等による経済連携を図る動きを活発化させたこと(例:米国及びECがそれぞれNAFTA(1994年発効)及びEU(1993年発足)への取組を加速させる等),②NIEsやASEANがいち早く経済開放を推し進めることにより高成長を果たす中,チリ・メキシコ・ペルー等の新興国が貿易・投資の自由化や市場メカニズムの導入へと経済政策を転換させ,その中でEPA/FTAを活用する戦略を採ったこと,さらに,③2000年代後半以降,WTOドーハ・ラウンド交渉が停滞する中,世界の主要国が貿易・投資の拡大のために積極的にEPA/FTAを結ぶようになったことなどが挙げられる。経済産業省『通商白書2013年』。

参考文献

Ackerman, R. W., Bauer, R. A. (1976), *Corporate Social Responsiveness: The Modern Dilemma,* Reston Pub. Co.
Bowen, H. R. (1953), *Social Responsibilities of the Businessman,* Harper & Brothers. (日本経済新聞社訳『ビジネスマンの社会的責任』日本経済新聞社,1960年。)
Carroll, A. B. (1979), "A Three-Dimensional Conceptual Model of Corporate Performance," *Academy of Management Review,* Vol. 4.
Carroll, A. B. and Buchholtz, A. K. (2009), *Business & Society: Ethics and Stakeholder Management, 7ed.,* South-Western Cengage Learning.
David, V. (1986), "The Study of Social Issues in Management: A Cristical Appraisal," *California Management Review,* Vol. 28, Winter.
Davis, K. (1960), "Can Business Afford To Ignore Social Responsibilities?," *California Management Review,* Vol. 2, Spring.

Davis, K. and Blomstrom, R. L. (1975), *Business & Society: Environment and Responsibility*, 3ed., McGraw-Hill.

Delanty, G. (2003), *COMMUNITY*, Routledge.（山之内　靖・伊藤　茂訳『コミュニティ：グローバル化と社会理論の変容』NTT 出版，2006年。）

Drucker, P. F. (1974), *Management: Tasks, Responsibilities, Practices*, Harper & Row.（野田一夫・村上恒夫監訳『マネジメント（上）（下）―課題・責任・実践』ダイヤモンド社，1974年。）

Epstein, E. M.（中村瑞穂・風間信隆・角野信夫・出見世信之・梅津光弘訳『企業倫理と経営社会政策過程』文眞堂，1996年。）

Frederick, W. C. (1986), "Toward CSR3: Why Ethical Analysis is Indispensable and Unavoidable in Corporate Affairs," *California Management Review*, Vol. 28, Winter.

Frederick, W. C. (1998), "Moving to CSR," *Business and Society*, Vol. 37.

Frederick, W. C., James, E. P. and Davis, K. (1992), *Business and society: corporate strategy, public policy, ethics, 7th ed.*, McGraw-Hill.

Friedman, M. (1962), *CAPITALISM AND FREEDOM*, Chicago Univ. Press.（熊谷尚夫・西山千明・白井孝昌共訳『資本主義と自由』マグロウヒル好学社，1976年再版。）

Hans, J. (1979), *DAS PRINZIP VERANTWORTUNG. Versuch einer Ethik fur die technologische Zivilisation*, Frankfurt/M.: Insel.（加藤尚武監訳『責任という原理――科学技術文明のための倫理学の試み――』東信堂，2000年。）

Hayek, F. A. (1944), *The Road to Serfdom*, University of Chicago Press.（一谷藤一郎訳『隷従への道』東京創元社，1979年。）

Levitt, T. (1958), "The Dangers of Social Responsibility," *Harvard Business Review*, September-October.

McGuire, J. B., Sundgren, A. and Schneeweis, T. (1988), "Corporate Social Responsibility and Firm Financial Performance," *Academy of Management Journal*, Vol. 31, No. 4.

Morrell, H. (1970), *THE SOCIAL RESPONSIBILITIES OF BUSINESS: company and community, 1900-1960*, Press of Case Western Reserve University.（企業制度研究会（雄松堂書店内）『企業の社会的責任』雄松堂書店，1975年。）

Petit, T. A. (1967), *THE MORAL CRISIS IN MANAGEMENT*, McGraw-Hill.（土屋守章訳『企業モラルの危機――会社は何を問われているか――』ダイヤモンド社，1969年。）

Sheldon, O. (1924), *The Philosophy of Management*, Pitman.（田代義範訳『経営管理の哲学』未来社，1974年。）

岡野内俊子・津久井稲緒（2013），「広域自治体のコミュニティ政策」『かながわ政策研究・大学連携ジャーナル』No. 4-②，2013（H25）年3月，政策研究・大学連携センター～シンクタンク神奈川～。

影山摩子弥（2009），『地域 CSR が日本を救う』敬文堂。

小山巌也（2011），『CSR のマネジメント』白桃書房。

橘木俊詔（2005），『企業福祉の終焉』中公新書。

田中重好（2010），『地域から生まれる公共性』ミネルヴァ書房。

谷本寛治（2006），『CSR　企業と社会を考える』NTT 出版。

津久井稲緒（2007），「企業の社会的責任論における責任概念」『横浜国際社会科学研究』第12巻3号。

津久井稲緒（2010），「企業の社会的責任のコンフリクト」『日本経営倫理学会誌』第17号。

津久井稲緒（2012），「電力会社の社会的責任」『経営哲学』第9巻1号。

津久井稲緒（2014），「CSR とコミュニティ政策」『経営哲学』第11巻1号。

日本政策投資銀行ロサンゼルス事務所 (2004),「ウォルマート再考」LA-55 駐在員事務所報告国際・協力部。
葉山彩蘭 (2008),『企業市民モデルの構築――新しい企業と社会の関係――』白桃書房。
松下圭一・西尾　勝・新藤宗幸編 (2002),『岩波講座　自治体の構想 5　自治』岩波書店。
三浦典子 (2004),『企業の社会貢献とコミュニティ』ミネルヴァ書房。
三戸　公 (1994),『随伴的結果――管理の革命』文眞堂。
三戸　浩 (2007),「近年の日本企業の変革・変容と「公」の変容」『公益学研究』2007, Vol. 7, No. 1。
三戸　浩・池内秀己・勝部伸夫 (2011),『企業論　第 3 版』有斐閣。

9 米国における通報研究の展開
―― 通報者の立場にもとづく悪事の通報過程 ――

吉　成　　　亮

I．はじめに

　主に米国を中心に展開されている，Near と Miceli らの whistleblowing 研究（以下，通報研究）は，内部通報，公益通報，内部告発を含む whistleblowing（以下，通報）に関する包括的な研究である。通報研究では，whistleblower（以下，通報者）は，wrongdoing（以下，悪事）の観察者であるものの，悪事にまつわる組織上の活動を変化させる権力を持たない（Near and Miceli 1985, p. 5）ことを前提にしている。たとえば，通報内容がパワー・ハラスメントのような組織内の人間関係に起因するものであるならば，通報者は直属の上司に悪事を訴えても，それらの活動が変化する見込みがないと考えている。

　この前提に基づき，悪事の観察者（のちに通報すれば，通報者）が悪事を終結させるためには，internal whistleblowing（以下，内部通報）と external whistleblowing（以下，外部通報）の2つのチャネルがある。外部通報はさらに，公益通報と内部告発に分けることができる。具体的には，悪事の観察者が企業の従業員であれば，その従業員は内部通報のために企業内の内部通報制度という内部の公式的なチャネル，公益通報のために各行政機関の公益通報制度という外部の公式的なチャネル，内部告発のために新聞などのマスコミ（近年ではインターネット上のサイト）という外部の非公式なチャネルを利用することができる。

　もしこの悪事の観察者が企業内の内部通報制度を利用するならば，悪事と関連する直属の上司が悪事を握りつぶさないように，観察者は彼らを経由せ

ずに，悪事にまつわる組織上の活動を変化させることができる人や組織に悪事を通報することができる。その結果，通報者は悪事にまつわる組織上の活動を変化させ，悪事を終結させる可能性がある。したがって，悪事にまつわる組織上の活動を変化させる権力を持たない通報者が，企業内の内部通報制度を利用することによって，悪事を終結させる権力を行使することが可能になる。

しかしながら米国における通報研究では，悪事に影響を及ぼすことができる人や組織と wrongdoer（以下，悪事者）が，通報者に報復する可能性があるという事実を根拠にし（Rehg et al. 2008），悪事にまつわる組織上の活動を変化させる権力を持たない通報者を，彼らからいかに保護し，通報者が悪事にまつわる組織上の活動を変化させようとすることを「達成したかどうかがわれわれの主な関心」（Near and Miceli 1995, p. 681）であるとする。その結果，悪事にまつわる組織上の活動を変化させる権力を持たない通報者が悪事を終結させるために，この権力を行使できるという側面を看過している可能性がある。米国における通報研究では，どのような属性を持つ通報者が，悪事にまつわる組織上の活動を変化させることができる人や組織からより権力を獲得するかどうかという政治的な過程を検討するものの（Near and Miceli 1995, pp. 686-687），通報者が権力を獲得するために，通報の信憑性を高めようとすることにほとんど注意を向けられていないことを指摘したい。

本論では，まず米国を中心にこれまで展開されている通報研究に基づき，通報の定義，通報の主要因，通報者の特性，通報とその結果に影響を与える変数など，通報過程を整理したい。つぎに通報者の動機づけを，いくつかの異なる理論上の立場から検討したい。その上で，悪事にまつわる組織上の活動を変化させる権力を持たない通報者が，権力を獲得しようとして，通報の信憑性を高めようとする可能性を考慮に入れるべきであることを主張し，本論の結論にしたい。

II．通報研究における悪事の通報過程

通報研究では，Near and Miceli（1985）にもとづき，その他の文献でも

ほとんど同様に，通報をつぎのように定義している。「組織メンバー（前任もしくは現役）が，雇用者（employer）の管理のもとで行われた，不法な（illegal），不道徳な（immoral），そして不当な（illegitimate）行為を，行為に影響を与えることができるかもしれない人や組織に開示すること（disclosure）」(Near and Miceli 1985, p.4) と定義している。

そして通報過程は少なくとも，4つの主な要因によって構成されている (Near and Miceli 1985, p.2)。第1の要因は，通報者（whistleblower）である。第2の要因は，通報行為（whistleblowing act）もしくは苦情（complaint）である。第3の要因は，苦情の当事者（party to whom the complaint is made）である。第4の要因は，苦情が申し立てられる組織（organization against which the complaint is lodged）である。

通報過程の中心の一つは通報者であり，その通報者は以下の4つの特性を持っている (Near and Miceli 1985, pp.2-3)。第1に，通報者は悪事が生じた時点で，その組織のメンバーでなければならない。通報者は悪事が生じた後に，その組織を去っていてもかまわない。第2に，通報者は悪事にまつわる組織の活動に変化をもたらす権力を持たない個人である。いいかえれば通報者はその組織の活動を変化させるために，権力を行使する正当な根拠を持っていない。第3に，通報者は悪事を終結させても匿名のままであることもある。通報者が匿名のままであるべきかどうかは，通報内容に依存する。第4に，通報者はあらかじめ悪事を通報するような役割を担っているかもしれない。組織によっては，公式的に悪事を通報する役割を担っている場合もある。

また，通報者とその苦情が申し立てられる組織によってなされる4つの決定が通報過程を進展させ，通報の結果に影響を与える (Near and Miceli 1985, pp.4-5)。第1には，観察された活動が実際に不法，不道徳，不当の，いずれかに該当する悪事なのかどうかという，観察者の決定である。もし悪事に関する証拠が明確である，もしくはその悪事が自分自身の価値や，組織によって表明された価値と矛盾しているならば，観察者はその悪事をさらに悪いことであると考える可能性が高い。

しかしながら観察者が悪事であると決定をしたとしても，多くの場合，観察者は通報しない (Near and Miceli 1985, p.4)。それゆえ観察者が通報す

るという第2の決定をするためには、さらにいくつかの要因が関係している。まず観察された活動が深刻であるかどうか、つぎに悪事を通報する方法を把握しているかどうか、さらに悪事を通報することが効果的であり、通報する以外に方法がないと信じているかどうかである。最後に通報者が代替的な経済的および感情的な支援の供給源を持つかどうかなどの個人的な状況を考慮し、観察者は通報という決定をする。

いったん通報がなされると、苦情が申し立てられた組織は、問題となっている活動を停止すべきかどうかという第3の決定をする。その組織は問題となっている活動への代替案を持つかどうか、問題となっている活動に対して何もしないことへのコストをどのように考えるかによって、その組織は問題となっている活動を停止する。

最後に、苦情が申し立てられる組織は、通報者を無視すべきか、それとも通報者を沈黙させる手段を取るべきかどうか、いいかえれば、通報者に報復するべきかどうかという第4の決定をする。その組織が通報者との相互依存関係が低く、取るに足らない苦情であり、問題となっている活動に代替案がないと考えるならば、その組織は通報者を無視するか、もしくは報復する。以上の4つの決定が通報過程を進展させ、またこれらの決定が変数となり、通報の結果に影響を与える。

以上が通報研究における通報過程である。以下では、さらに通報過程の引き金となる通報者の動機づけを検討したい。

Ⅲ. 通報者の動機づけに関する3つの立場

通報研究では、いくつかの理論上の立場から、通報者の動機づけを検討している (Near, Dworkin and Miceli 1993 ; Gundlach, Douglas and Martink 2003)。なぜならば通報者の動機づけを検討することによって、前述したように、多くの場合、観察者は通報しない (Near and Miceli 1985, p. 4) にもかかわらず、通報が現実に存在するのかという通報過程の引き金を検討することができるからである。

通報者の動機づけに関する議論は、主に理論上、3つの立場がある (Gundlach,

Douglas and Martink 2003, pp. 108-109)。第1に,公平理論（equity theory）の立場,第2に,向社会行動的パースペクティブ（prosocial behavior perspective）の立場,第3に,権力論（theory of power）の立場である。

第1の公平理論に基づくならば,主に2つの観点から悪事の観察者を動機づける可能性がある（Near, Dworkin and Miceli 1993）。まず,手続き上の公平性である。通報の手続きがだれにも可視化されており,公平であると悪事の観察者が考えるならば,悪事の観察者を動機づけ,通報する可能性は高くなる。

もう1つは,結果の公平性である。だれが悪事を通報しても,同様に悪事が終結すると悪事の観察者が考えるならば,公平と感じ,悪事の観察者を動機づけ,通報する可能性は高くなる。反対に,あるひとが悪事を通報すると終結するものの,別のひとが悪事を通報すると報復されると考えるならば,不公平と感じ,悪事の観察者は通報を思いとどまる。

下記の図1に示したように,もっとも悪事の観察者を動機づけ,通報する可能性が高いのは④のセルである。その反対に,悪事の観察者がもっとも通報を思いとどまるのが①のセルになる。

図1　公平理論に基づく通報の動機づけ

手続きへの期待

結果への期待	低	高
低	① 報告に対する不公平な手続き 結　果 ・悪事の継続 ・報復	② 報告に対する公平な手続き 結　果 ・悪事の継続 ・報復
高	③ 報告に対する不公平な手続き 結　果 ・悪事の中止 ・報復なし	④ 報告に対する公平な手続き 結　果 ・悪事の中止 ・報復なし

（出所）　Near et al. 1993, p. 396 に基づき筆者作成。

また一般的には，悪事の観察者は手続きの公平性よりも，結果の公平性を求める傾向がある（Near, Dworkin and Miceli 1993, p. 395）ため，④のセルのつぎに，③のセルのほうが，悪事の観察者を動機づける可能性が高い。

第2に，向社会的行動パースペクティブに基づき，通報者の動機づけを検討する（Dozier and Miceli 1985）。向社会的行動パースペクティブは，わかりやすく言えば，他者のために自分自身を犠牲にする利他主義を含むパースペクティブである。ただし，このパースペクティブは，純粋な利他主義ではない。利己心（selfish）と非利己心（unselfish）という両方の動機づけを持つのが，向社会行動的パースペクティブの特徴である（Dozier and Miceli 1985, p. 825）。このパースペクティブは利他主義と決定的に異なるのは，エゴイズムを包摂していることである。つまり，このパースペクティブでは，ひとは組織や社会のような多くの他者の利得となるように行動しようとする動機づけだけでなく，さらに自分自身の利得となるように行動しようとする動機づけも併せ持っていることになる。

このパースペクティブに基づけば，つぎの2つの要因によって悪事の観察者を動機づけ，通報する可能性が高くなる（Gundlach, Douglas and Mrtinko 2003, p. 108）。第1の要因は，知覚された悪事の深刻さである。その悪事がどれほど組織や社会に悪影響を与えるかということが，悪事の観察者を動機づけ，通報する可能性を高くする。いいかえれば，悪事が組織や社会にとって深刻であればあるほど，観察者は通報によって悪事を終結させようとする。この動機づけは，たとえ通報者が組織から報復を受けようとも，通報者の動機づけは低下せず，さらに高まることさえある。悪事の深刻さの知覚は向社会行動的パースペクティブの非利己心の部分である。

向社会行動的パースペクティブの第2の要因は，悪事の観察者が通報することによって得られる利得と費用の比較検討である。通報によって利得が大きく，費用が小さいならば，悪事の観察者を動機づけ，通報する可能性が高くなる。その反対に，通報によって利得が小さく，費用が大きいと悪事の観察者が考えるならば，通報を思いとどまる。利得と費用の比較検討は，向社会行動的パースペクティブの利己心の部分である。

向社会的行動パースペクティブは，一方で悪事の深刻さによる利他心と，

他方,利得費用比較による利己心という2つの組み合わせによって,通報者を動機づける。悪事の深刻さによる利他心が拡大するにつれて,利得と費用の比較による利己心は縮小する。つまり,利他心と利己心はトレードオフの関係にある。

IV. 通報者による権力の獲得過程

通報者の動機づけに関する議論の1つとして,第3に,権力論(theory of power)の立場がある。Pfeffer and Salancik (1977, p.14) は,権力を「あるひとが望むような方法で物事をなすための能力」と定義している。またDahl (1957) は,権力 (power) を,AとBの人間関係において,「Bができればやりたくないことを A が B にさせることができる程度 (the extent that he can get B to do something that B would not otherwise do)」のことであり,この場合「AはBに対して権力を持つ」(A has power over B) ということができる (Dahl 1957, pp.202-203) と定義している。

前述したように,悪事の観察者は,悪事にまつわる組織上の活動を変化させる権力を持っていない。それゆえ悪事の観察者は,悪事を終結させるために,内部通報もしくは外部通報を選択する可能性がある。

しかしながらこのことは,悪事の観察者が何ら権力を持っていないことを意味していない。繰り返すことになるが,悪事の観察者は,悪事にまつわる組織上の活動を変化させるという点で,権力を持っていないだけである。たとえば Near and Miceli (1985) では,前述した通報者の4つの特性のところで,通報者があらかじめ悪事を通報するような役割を担っている例として,内部監査人 (internal auditors) を挙げている (p.2)。内部監査人は取締役の業務を監査することも1つの業務であるため,すでに高い権力を持っている。

Near and Miceli (1995, pp.686-687) は,権力論の立場の1つとして資源依存の関係から,通報者はつぎの4つの属性を持つ場合,苦情が申し立てられる組織に対してより権力を持つことを指摘している。第1に通報者が,苦情が申し立てられる組織にとって特異な経験や専門知識など価値のある資源

を持っている場合，通報者は苦情が申し立てられる組織に対して，資源を持っていない場合より権力を持つ（Near and Miceli 1995, p.687）。ただし悪事者と苦情が申し立てられる組織との資源依存の関係も存在し，通報者だけでなく悪事者も価値のある資源を持っている場合，この権力にまつわる議論はより複雑になるだろう。第2に通報者の価値が，苦情が申し立てられる組織のトップ・マネジメントの持つ価値と一致している場合，通報者は苦情が申し立てられる組織に対してより権力を持つ（Near and Miceli 1995, p.687）。第3に通報者が，マイノリティの表明のようなある属性を持っている，もしくはそのような方法で振る舞う場合，通報者は苦情が申し立てられる組織に対してより権力を持つ。第4に通報者が，社会から広く尊敬され，組織内外に多くの支持者を持つなど後ろ盾の権力（referent power）を持つならば，通報者は苦情が申し立てられる組織に対してより権力を持つ。たとえば，前述の内部監査人はこの権力を持っている。

　当然のことながら，通報者が以上のような4つの属性のいずれか，もしくは複数を持つならば，通報を通じて，悪事を終結させる可能性は高くなる。同様に，もし悪事の観察者が4つの属性のいずれか，もしくは複数を持つならば，悪事の観察者を動機づけ，通報する可能性は高くなる。

　これまで3つの理論上の立場から，通報者の動機づけに関して検討してきた。第1の立場と第2の立場は，通報者にとってより本質的な動機づけであるのに対し，第3の権力論の立場は通報者にとってより現実的な動機づけであるということができる。

　ここで通報者の権力の獲得過程に関して若干の検討をしたい。Near and Miceli（1995, pp.689-692）では，通報者が効果的に悪事を終結させるために，2つの観点から検討している。第1の観点は前述の権力であり，第2の観点はcredibilityである。この第2の観点は第1の観点を包摂する部分も多い。前述した，通報者が権力を持つ第1や第4の属性は，credibilityと関連している。たとえば，社会から広く尊敬されている従業員が悪事を観察した場合，職場の同僚などからのcredibilityも高いことは考えられる。それゆえその従業員が組織に通報し，その悪事を終結させる可能性は高くなる。したがって，通報者が効果的に悪事を終結させこの権力を獲得しようとすれば，通報者のcredibility

が高いことはより重要になる。

　このcredibilityは,『新英和中辞典』(研究社) によれば，信用性とも信憑性とも訳すことができる。したがってこのcredibilityは，2つの側面でとらえることができる。第1の側面は，通報者の信用性である。同僚などの他者からすれば，通報者は信頼に足る人間かどうかということである。この重要性に関してはNear and Miceli (1995, p.692) でも指摘している。第2の側面は，通報の信憑性である。前述の，通報に影響を与える変数の第1の決定である，通報者が悪事の明確な証拠を持っているかどうかということである。

　Near and Miceli (1995) は，「多くの場合，(悪事の) 証拠はうわべだけで，つじつまが合わなく」(pp.689-690, 括弧内筆者)，同僚や苦情の受領者 (たとえば，内部監査人は通報者でもあり，苦情の受領者にもなり得る) などが通報者を信じることができるかどうかの兆候に依存するかもしれないと述べている。したがって，どちらかといえば，Near and Miceli (1995) はcredibilityを，通報の信憑性よりも通報者の信用性の側面からとらえようとしている。

　しかしながら，悪事にまつわる組織上の活動を変化させる権力を持たない悪事の観察者が，通報することによって，悪事を終結させる権力を意図的に獲得しようとするならば，通報者の信用性だけでなく，通報の信憑性も高めようとする可能性がある。特に悪事の観察者の信用性が低く，そして彼が権力を持っていない場合，悪事の観察者はできるかぎり悪事の明確な証拠を集め，通報の信憑性を高めようとする。苦情が申し立てられる組織は，悪事の明確な証拠に対して，通報者の信用性にかかわらず，通報を無視することはできない。たとえその組織がその通報を無視したとしても，悪事の観察者が内部告発のような非公式なチャネルを通じて通報した場合，その組織が通報を無視したことを非難されるからである。それゆえ，組織は通報者が悪事を終結させるために権力を獲得しようとする過程に注意を向ける必要性があり，そのような研究が必要である。

V. むすび

　本論では米国における通報研究に基づき，通報の基本的議論を整理した。そして3つの異なる理論上の立場から，通報者の動機づけを検討した。その上で，悪事にまつわる組織上の活動を変化させる権力を持たない通報者が，権力を獲得しようとして通報の信憑性を高めようとする可能性を考慮に入れるべきであることを本論では主張した。どのようにすれば一方で意図的に通報の信憑性を高めようとすることを悪事の観察者に思いとどまらせ，他方，悪事それ自体を適切に終結させることができるかは今後の課題である。

参考文献

Dahl, R. A. (1957), "The Concept of Power," *Behavioral Science*, Vol. 2, No. 3, pp. 201-215.
Drory, A. and Romm, T. (1988), "Politics in organization and its perception within the organization," *Organization Studies*, Vol. 9, No. 2, pp. 165-179.
Dozier, J. B. and Miceli, P. M. (1985), "Potential Predictors of Whistle-Blowing: A Prosocial Behavior Perspective," *Academy of Management Review*, Vol. 10, No. 4, pp. 823-836.
Gundlach, M. J., Douglas, S. C. and Martinko, M. J. (2003), "The decision to blow the whistle: A social information processing framework," *Academy of Management Review*, Vol. 28, No. 1, pp. 107-123.
Miceli, M. P. and Near, J. P. (1985), "Characteristics of organizational climate and perceived wrongdoing associated with whistle-blowing decisions," *Personnel Psychology*, Vol. 38, pp. 525-544.
Near, J. P. and Miceli, P. M. (1985), "Organizational dissidence: The case of whistle-blowing," *Journal of Business Ethics*, Vol. 4, No. 1, pp. 1-16.
Near, J. P., Dworkin, T. M. and Miceli, M. P. (1993), "Explaining the whistle-blowing process: Suggestions from power theory and justice theory," *Organization Science*, Vol. 4, No. 3, pp. 393-411.
Near, J. P. and Miceli, P. M. (1995), "Effective Whistle-Blowing," *Academy of Management Review*, Vol. 20, No. 3, pp. 679-708.
Pfeffer, J. and Salancik, G. R. (1978), *The External Control of Organizations: A Resource Dependence Perspective*, New York, Harper and Row.
Rehg, M. T., Miceli, M. P., Near, J. P. and Van Scotter, J. R. (2008), "Antecedents and outcomes of retaliation against whistleblowers: Gender differences and power relationships," *Organization Science*, Vol. 19, No. 2, pp. 221-240.

10　ダイナミック・ケイパビリティ論における知識の問題

赤　尾　充　哉

Ⅰ．はじめに

　今日の経済において知識が重要な資源であることがしばしば指摘される。また，企業はいかにしてそれを取り扱うべきか，という議論がしばしば為されている。

　企業における知識の問題を扱う文献は非常に多く存するが，その中でも本稿ではデヴィッド・ティース（David J. Teece）が提唱したダイナミック・ケイパビリティ論（Dynamic Capabilities Framework）を取り上げたい。というのも，このフレームワークは，環境の変化が激しい時代を企業はどうすれば生き延びられるのかという，今日的な経済の課題に取り組むものであり，またそれゆえに戦略論や組織論の分野でしばしば注目されるものだからである。

　ティースは，自身のフレームワークの基礎的な概念として，しばしば暗黙のノウハウ（tacit knowhow）に言及する。しかしながら，それをフレームワークのなかでどのように取り扱うのかについては，彼自身の文献のなかでも変化している。こうした変化が，どのような議論の過程のなかで生じてきたかを理解することは，企業と知識の問題を考えるうえでのいくつかの重要な問題を浮かび上がらせることにつながるだろう。

　本稿は，こうした理解の手助けとして，ティースの議論を，科学哲学者マイケル・ポランニー（Michael Polanyi）の概念ないしその周辺の議論と照らし合わせていくという方法を試みる。

II. ダイナミック・ケイパビリティ論の概要

ダイナミック・ケイパビリティ論は1990年代にティースらによって提唱された。本稿では，このフレームワークの主唱者であるティースの文献に的を絞って議論するが，彼によればダイナミック・ケイパビリティとは「急速に変化するビジネス環境に対処するために，そして可能ならばビジネス環境を形成するために，内外の資源／コンピタンスを統合，構築，再構成する企業の能力を決定づける，高次のコンピタンス」だという（Teece 2012, p. 1395）。

またティースによると，「ダイナミック・ケイパビリティは，以下の3つの活動・調整クラスターに分類できる」という。すなわち，(1)「機会の特定と評価（感知（sensing））」，(2)「機会に対処し，そこから価値を獲得するための，資源の動員（獲得（seizing））」，(3) 継続的なリニューアル（変形（transforming））の3つである（Teece 2012, p. 1396）。

つまり，企業内外の資源やコンピタンスを活用して将来の機会を感じ取り，その機会を実現するために企業内外の資源やコンピタンスを配置・統合し，環境の変化に合わせて企業内外の資源やコンピタンスの配置を柔軟に変えていく，こうしたことを実現させる企業の能力がダイナミック・ケイパビリティだというのである。

もっとも，このフレームワークは様々な既存研究を取り入れているがゆえに，その取り組む問題の所在はあまり明確ではない[1]。このことに対応して赤尾（2012）は，ティースがウィリアムソン（O. E. Williamson）の取引コスト理論から議論を出発させ，今日のダイナミック・ケイパビリティ論へと議論を展開していったことに注目し，ティースが扱おうとした問題が何であったのかを探究しようと試みた。その目的のために，ティースの研究を時期と内容により3つの段階に分類し（ティースⅠ，ティースⅡ，ティースⅢ），おもに企業境界との関連から，それぞれのフレームワークと問題の所在の変化について論じた[2]。

この赤尾（2012）の議論の過程で，取引コスト理論からティースのダイナミック・ケイパビリティ論が枝分かれして展開される分岐点として，技術な

どの無形資産と、それを扱うノウハウやケイパビリティといった、知識に関わる問題が重要な位置を占めていることが見えてきた。換言すると、ダイナミック・ケイパビリティ論にとって、知識の問題が重要な構成要素となっているのである。これを踏まえ、本稿では知識の問題に焦点を当てることによって、ティースの理論変遷をさらに探究する。

Ⅲ．ティースの理論変遷と知識の問題

1．ティースⅠにおける知識の問題

ここでティースⅠと呼ぶものは、Teece（1977；1980；1982；1986a；1986b）といったティースの初期の文献である。これらの文献に共通する特徴は、無形資産を他の組織から調達したり、自社の持つ無形資産を他の組織に利用させるよりも、無形資産を内部保有し、それを自社内で活用するほうが経済的優位性を持つことを主張する点にある。

この議論の出発点は、巨大な国際企業や多角化企業の組織形態を説明することにあった。つまり、海外進出や多角化といったものが、自社の既存の無形資産を応用するために行われるとして、海外直接投資や自社内部での多角化といった統合形態で行われるのはなぜか、という問いが出発点であった。

当初こうした多国籍化・多角化における企業境界の選択の問題を考えるに際してティースは、取引コスト理論を援用しようとした。しかし彼は、無形資産の応用という点に注目すれば、そこに関わる要因は機会主義がもたらす取引コストだけではないと考えた。たしかに無形資産の応用を他企業とともに行なうとすれば、自社の技術を協力相手が機会主義的に用いたり、生み出された利益を相手に専有されたりするかもしれない。その意味で無形資産の応用の問題に取引コストは関わるが、それは生み出されるレントの流失に関わる問題である。無形資産の応用がいかにレントを創出するかの問題については、取引コストでは説明できない。

かくしてティースは取引コストの問題に加えて、知識移転の問題が企業境界の選択に大きく影響することを提唱した。彼によると、自社が持つ技術を他企業に利用させるとすれば、その技術に関わるノウハウを移転しなければ

ならない (Teece 1977)。しかしそうしたノウハウは,暗黙的な知識であり,またしばしば組織的な知識でもあるため,移転するのに多くの時間と労力を要する (Teece 1982)。なぜならば,相手企業はその技術に関連する経験が少ないため,それを理解することが難しいからである (Teece 1977)。それに対して,自社の組織ではその技術に関連する経験が蓄積しているため,ノウハウの移転は比較的容易である。それゆえ,知識移転の効率性を考えれば,やはり自社内部での無形資産の応用が優位性を持つというのである。

ティースはこうしたノウハウの移転しにくい性質を説明するに際して,マイケル・ポランニー (Michael Polanyi) の説明を引用している (Teece 1982)。

しかしポランニーのどのような概念を用いているのかについては,ティースははっきりとは言及していない。とはいえ,ノウハウが暗黙的な知識であるがゆえに,関連する経験の違いがノウハウの移転を左右する,というティースの説明は,ポランニーの以下の2つの概念を明らかに用いているだろう。

第1に,物事を知る行為 (knowing) には,試行錯誤のプロセスが必要だという点である。ポランニーによると,対象を直接的に感知できないような場合,人間は直接的に感知できる物事をつうじて知りたい対象を捉えようとするという。このとき,知りたい対象と感知できる物事の関係は当初は分からないため,試行錯誤のプロセスによって,両者の関係の認識を修正していくことが必要となる。こうしたプロセスの結果として両者の関係を包括的に確立している状態に至ったとき,人は物事を知っているのだという。そして,そのプロセスは主観的な解釈を含むものであり,それゆえに知る行為は個人的で暗黙的なのだという (Polanyi 1966)[3]。したがって,これら直接的に説明しがたい物事を相手に理解させるには,多くの時間を要するのである。

第2に,言語による伝達の難しさの問題である。言語によって書かれた文章を読む際には,その人が持つ知識を背景として用いて文章を解釈するとポランニーはみなしている (Polanyi 1962)[4]。したがって,書き手と読み手が持つ背景知識の差が,言語による伝達を難しくする。ティースIのフレームワークと比較して見れば,異なる組織に属するよりも同じ組織に属する者同士のほうが共通の背景知識を持つとするならば,同じ組織内での伝達のほうが比較的スムーズであるといえる。

このようにティースⅠにおいては，ポランニーのいうような，物事を理解することや他者に伝達することの難しさをフレームワークの重要な基礎として，知識移転コストと企業境界の関係が論じられたのである。

2．ティースⅡにおける知識の問題

ここでティースⅡと呼ぶものは，Teece (1988) や Teece, Pisano and Shuen (1997) であり，ダイナミック・ケイパビリティ論が形成される初期の文献である。

ティースⅡの議論の出発点は，ティースⅠのなかで課題として残されていた問題だった。すなわち，現実の企業は必ずしも資産を内部保有せず，他の組織と協力することがしばしばあり，そのことがティースⅠでは説明できないことである。さらに，時間とともに企業境界は変化するが，それを変化させる力は何であるのか，ということも合わせて問題となった (Teece 1986a)。

その答えとしてティースⅡは以下のように説明する。組織ルーティンが累積的学習の性質を持つことから，組織ルーティンに根ざしたケイパビリティ（組織能力）の範囲は過去の制約を受ける。そのため，もし必要な資産を生み出すケイパビリティが自らに無ければ，他の組織から調達しなければならないため，コラボレーションの形態が発生する。一方，組織ルーティンの累積的学習の性質からすれば，学習によって漸次的にケイパビリティは拡張していく。それによって企業が自ら生み出す資産の範囲は変わるため，適切な企業境界も時とともに変わりうるのである[5]。

ティースⅡにおける知識の扱い方は，ポランニーを基礎として組織における知識の問題を論じたクック (S. D. Cook) やブラウン (J. S. Brown) の概念と符合する。彼らはポランニーのいう知る行為のうち，新たな知識を探求する活動を生産的探求と位置づけ，そうした生産的探求は実践のうえに成り立つことを強調する。なぜならば，新たな知識を探求するには，既存の背景知識を道具として用いつつ試行錯誤しなければならないからである。そして，その既存の知識もまた過去の生産的探求によって獲得されたものだという。つまり，これまでの試行錯誤的な実践の積み重ねによって，組織の持つ知識と，その後の知識の探求の方向性がある程度決まってくるというのであ

る (Cook and Brown 1999)。

 このようにティースⅡにおいては，クックやブラウンと同様に，過去の経験に基づいて学習し，その結果として獲得される知識の方向性が制約されるとみなされ，このことがフレームワークの基礎に置かれている[6]。

 ティースが，暗黙的な知識の移転の難しさから，学習すなわち知識の探求と，その方向の制約の問題へと注目を移したのはなぜか。それは，企業境界の動的な変化を説明するには，企業のケイパビリティの制約とその変化を考慮する必要があり，そうしたケイパビリティの制約と変化を説明するためには，学習すなわち知識の探求がどのようにして為されるかを考慮しなければならなかったためだといえる。

3．ティースⅢにおける知識の問題

 ここでティースⅢと呼ぶものは，Teece (2007a；2007b；2012) といった，さらに議論を進めたダイナミック・ケイパビリティ論の文献である。

 ティースⅢの議論の出発点は，ティースⅡで示された組織ルーティンにおける漸次的な学習によるケイパビリティの拡充という解決策が，変化の激しい環境における企業の生き残りにとって十分であるかということにあった。というのも，変化の激しい環境では，技術イノベーションが創出したレントはすぐに消失してしまう可能性があるため，新たな技術イノベーションとその商業化を速やかに実現し続ける必要があるからだ。

 そのためティースⅢでは，組織ルーティンとそれに基づくケイパビリティだけでなく，経営者の企業家的なマネジメントの重要性を強調するようになる。というのも，組織ルーティンがケイパビリティの範囲を限定した結果として，既存のプログラムを持続しようという意思決定バイアスが組織のなかで働くようになるからである (Teece 2007a)。

 実際「感知 (sensing)，獲得 (seizing)，変形 (transforming) についてのトップ・マネジメントの企業家的能力およびリーダーシップ能力が，ダイナミック・ケイパビリティを維持するために必要である」と明言している。さらに具体的には，ティースのいう企業家精神は以下のことに関わるという。つまり，(1)「機会の感知 ((sensing)) と理解」，(2)「事業が動き出した後の，

事業を構築する新たなより良い方法の発見」，(3)「異なる性質の要素の協調的な結合を創造的に成し遂げること」である（Teece 2012, p.1398）。

(1)の機会の感知に関しては，過去・現在の環境の情報を元に将来を予測することが重要となるという（Teece 2007a）。また，こうした能力はチームによって発揮されうるものではあるものの，あくまでも企業家の個人的な能力であるという（Teece 2007a）。というのも，これらの活動は「標準化された分析や最適化とはあまり関係ない」ものであり（Teece 2012, p.1398），また，意思決定のプログラム化できる範囲は限定的であるため，「経営者・企業家の創造的な行為は，戦略的であり，ルーティン的なものではない」からである（Teece 2012, p.1397）。

このことは，過去や現在に関する得られた情報が自動的に将来を指し示すものではなく，得られた情報を統合し，そこから人間の創造的な営為によって将来の姿を描き出すことが重要だという考えを示しているといえる。そうした創造的な営為をおこなう個人的能力を，企業家の重要な能力とみなしているのである。

また(3)で述べているのはティースのいうオーケストレーション能力であり，企業内外の資産やケイパビリティを創造的に結合し，機会を商業化して利益に結びつけることである。ここで重要な点は，個々の資産やケイパビリティそのものが収益をもたらすのではなく，それらを統合することによってはじめて収益がもたらされるという点である。換言すると，個々の要素が収益に結びつくのではないのである。これらをいかにして結びつけるのかという点については，経営者の企業家的な能力が大きく関わる。

ティースが指摘しているように，既存の資産やケイパビリティ（およびその背景にあるルーティン）は，既存のプログラムを維持しようとするバイアスをもたらす。特に，ルーティンやケイパビリティは実践をとおして過去から積み上げられてきたものであり，その示す方向性は限定されてしまう性質を持つ。その結果として，資産やケイパビリティの組み合わせは既存の組み合わせから大きく飛躍することが難しくなる。しかしながら，人間の創造的な営為によって，こうしたバイアスを克服し，既存の資産やケイパビリティから，新たなケイパビリティや価値を生み出すことができる。こうした意味

でオーケストレーション能力は，企業家的な能力だといえる。

　ティース自身が直接的に言及しているわけではないものの，こうしたティースⅢで強調される諸要素を統合する個人的能力の概念は，ポランニーが科学的発見についての文脈で論じた創発（emergence）の概念と符合する。ポランニーは，科学的な知識を発見するときも，主観的・個人的なプロセスを経て，知ろうとする対象に関わる諸要素を統合するとみなしている。ただし科学的発見においてさらに顕著に表れる特質は，新たに発見・獲得された知識は，もともと感知していた諸要素とは異なる性質を含んでいる，ということである。その意味でポランニーは，科学的発見とは，下位レベルにあたる諸要素をもとにして，より上位レベルの新たな知識を人為的に出現させるものであると捉えている。こうした人間の暗黙の営為によって，諸要素が持たなかった性質を有するような新たな知識が出現する現象を，ポランニーは生物の進化論の用語を借りて創発と呼んだ（Polanyi 1966)[7]。

　ティースⅢが知識をこのように取り扱うようになったのはなぜか。それは，ティースⅡは実践による学習をフレームワークの基礎概念としていたが，その論理では過去の制約から飛躍する企業のダイナミックな行動を説明できなかったためだといえる。ティースⅢは「企業は過去によって形成されるが，企業は必ずしも過去の罠にかかるわけではないと，ダイナミック・ケイパビリティ論はみなしている」ことを強調し（Teece 2007a, p.1341)，そうした過去の制約から飛躍するダイナミズムの担い手として企業家的な経営者の役割を重視しているのである。そして，こうした知的なダイナミズムを考察する上では，知識の創発の側面は重要な概念となる。

Ⅳ．おわりに

　本稿は，ティースの理論変遷において，知識の問題の扱われ方がどのように変わってきたかを論じた。

　まず，無形資産の応用に付随する知識移転の問題に着目し，フレームワークの基礎である取引コスト理論から枝分かれする。そしてポランニーのいう知識の暗黙性に着目し，知識移転は過去の経験を共有する組織内部で行われ

るほうが比較的容易であるとみなした（ティースⅠ）。

　しかし，企業はしばしば他の組織と協力して活動するのが現実であり，また，その様相も時とともに変化する。それはなぜなのかという問いに取り組んだティースは，組織ルーティンの持つ累積的学習の性質により，過去の経験によって企業の持つ組織のケイパビリティが制約されつつ，漸次的に拡充していくためであると考えた（ティースⅡ）。

　だが，急速に変化する不確実な環境を企業が生き延びるためには，過去の制約から飛躍するような，よりダイナミックな企業行動が必要となる。それを可能にするのは何なのかという問いに取り組んだティースは，ポランニーの創発と類似する役割を担う企業家の概念を導入する。つまり，こうしたダイナミズムは組織ルーティンによる漸次的な学習だけでは実現されず，環境の情報や，組織内外の資産・ケイパビリティを統合し，新たな機会を創造的に発見し実現していく企業家の個人的な能力を必要とするというのである（ティースⅢ）。

　今日では，ティースⅠやティースⅡで扱われた，知識の暗黙性による移転の困難性や，実践を伴う学習については，企業と知識の問題を扱う文献のなかで広く扱われているように思われる。その限りではポランニーの概念に基づく企業組織の研究は，すでに数多く蓄積されている。しかしティースⅢが導入した企業家の概念にみられるような，ポランニーの創発の概念から企業行動のダイナミズムを検討する議論は依然として未開拓であり，それゆえに有意義な議論が展開される可能性を持つだろう。もっとも，そうした創発のプロセスそのものは個人的であり暗黙的であるがゆえに，科学的な分析の対象とはなりえない。その意味でティースⅢは今後の議論を困難にする方向へと展開されてしまったともいえる。

注
1）　たとえば，Easterby-Smith and Prieto（2008）などの文献でこうした指摘が為されている。
2）　赤尾（2012）におけるこのアプローチはポパー（K. R. Popper）の問題移動の概念を援用したものである。もちろん，ポパーの方法論とポランニーの方法論は異なるため，双方を同じ次元で同時に取り扱うことはできないだろう。本稿では，学説を分析する枠組みのためにポパーの方法論を援用する一方，ポランニーを分析の対象の次元に位置づけている点に留意されたい。
3）　ポランニーはこれを，盲目の人が杖によって地面の形状をいかにして知りえるのかなどの例で説明している。詳しくはPolanyi（1966）の第1章を参照されたい。

4) 明示化された言語の解釈に関する問題については，Polanyi (1962) の第5章を参照されたい。
5) このことが示唆するのは，もし環境変化によって必要な資産の構成が変化したときに，新たに必要となった資産を他の組織から調達することができなかった場合において，自らが新たな資産を生み出すケイパビリティを持ち得ていたかどうかが致命的に重要となるということであった。
6) この考えはたしかに，前項で述べたような，試行錯誤と背景知識を必要とするポランニーの知る行為の概念に部分的に基づいている。しかしながら，次の項で示すように，ポランニーは新たな知識の獲得が必ずしも過去の経験に縛られるとはみなしていないことに留意する必要がある。
7) 創発の概念については，Polanyi (1966) の第2章を参照されたい。

参考文献

Brown, J. S. and Duguid, P. (2001), "Knowledge and Organization: A Social-Practice Perspective," *Organization Science,* 12 (2), pp. 198-213.

Cook, S. D. and Brown, J. S. (1999), "Bridging Epistemologies: The Generative Dance between Organizational Knowledge and Organizational Knowing," *Organization Science,* 10 (4), pp. 381-400.

Easterby-Smith, M. and Prieto, I. M. (2008), "Dynamic Capabilities and Knowledge Management: an Integrative Role for Learning?," *British Journal of Management,* 19 (3), pp. 235-249.

Polanyi, M. (1962), *Personal Knowledge: Towards a Post-critical Philosophy,* Psychology Press.（長尾史郎訳『個人的知識——脱批判哲学をめざして』ハーベスト社，1985年。）

Polanyi, M. (1966), *The Tacit Dimension,* Doubleday.（髙橋勇夫訳『暗黙知の次元』（ちくま学芸文庫）筑摩書房，2003年。）

Popper, K. R. (1972), *Objective Knowledge: An Evolutionary Approach,* Clarendon Press.（森 博訳『客観的知識——進化論的アプローチ』木鐸社，1974年。）

Teece, D. J. (1977), "Technology Transfer by Multinational Enterprises: The Resource Cost of Transferring Technological Know-how," *Economic Journal,* 87, June, pp. 242-261.

Teece, D. J. (1980), "Economies of Scope and The Scope of The Enterprise," *Journal of Economic Behavior and Organization,* 1 (3), pp. 223-247.

Teece, D. J. (1982), "Towards an Economic Theory of The Multiproduct Firm," *Journal of Economic Behavior & Organization,* 3 (1), pp. 39-63.

Teece, D. J. (1986a), "Profiting from Technological Innovation," *Research Policy,* 15 (6) pp. 285-305.

Teece, D. J. (1986b), "Transaction Cost Economics and the Multinational Enterprise," *Journal of Economic Behavior and Organization,* Vol. 7, No. 1, pp. 21-45.

Teece, D. J. (1988), "Technological Change and the Nature of the Enterprise," In Dosi, G., Freeman C., Nelson, R. R., Silverberg, G. and Soete, L. (eds), *Technical Change and Economic Theory,* Pinter, pp. 256-281.

Teece, D. J. (2007a), "Explicating Dynamic Capabilities: The Nature and Microfoundations of (Sustainable) Enterprise Performance," *Strategic Management Journal,* 28 (13), pp. 1319-1330.

Teece, D. J. (2007b), "Managers, Markets, and Dynamic Capabilities," in Helfat, C. E. et al., *Dynamic Capabilities: Understanding Strategic Change in Organizations,* Blackwell, pp. 19-29.（谷口和弘・蜂巣 旭・川西章弘共訳『ダイナミック・ケイパビリティ——組織の戦略変化』勁草書房，2010年。）

Teece, D. J. (2012), "Dynamic Capabilities: Routines versus Entrepreneurial Action," *Journal of Management Studies*, 49 (8), pp. 1395-1401.
Teece, D. J., Pisano, G. and Shuen, A. (1997), "Dynamic Capabilities and Strategic Management," *Strategic Management Journal*, 18 (7), pp. 509-533.
Williamson, O. E. (1975), *Markets and Hierarchies, Analysis and Antitrust Implications: A Study in the Economics of Internal Organization*, Free Press. (浅沼萬里・岩崎　晃訳『市場と企業組織』日本評論社, 1980年。)
Williamson, O. E. (1985), *The Economic Institutions of Capitalism: Firms, Markets, Relational Contracting*, Free Press.
赤尾充哉 (2012), 「ダイナミック・ケイパビリティ論の成立と展開：ティースの理論変遷と取引コスト理論の関連から見て」『日本経営学会誌』30, 27 38頁。
赤尾充哉 (2014), 「知識論から見るダイナミック・ケイパビリティ」渡部直樹編著, 楊　錦華・西谷勢至子・永野寛子・髙田英亮・赤尾充哉・高橋大樹・大芝周子・糟谷　崇著『企業の知識理論　組織・戦略の研究』中央経済社。

第IV部
文　献

ここに掲載の文献一覧は，第Ⅱ部の統一論題論文執筆者が各自のテーマの基本文献としてリストアップしたものを，年報編集委員会の責任において集約したものである。

1 現代経営学の潮流と限界——これからの経営学——

外国語文献

1 Aglietta, M. and Brender, A. (1984), *Les Métamorphoses de la Société Salariale: La Frace en Projet,* Calmann-Lévy.（斉藤日出治ほか訳『勤労者社会の転換——フォーディズムから勤労者民主制へ——』日本評論社, 1990年。）

2 Ansoff, H. I. (1965), *Corporate Strategy: An Analytic Approach to Business Policy for Growth and Expansion,* McGraw-Hill.（広田寿亮訳『企業戦略論』産業能率短期大学出版部, 1969年。）

3 Barnard, C. I. (1938, 1968), *The Functions of the Executive,* Harvard University Press.（田杉 競監訳『経営者の役割——その職能と組織——』ダイヤモンド社, 1956年；山本安次郎・田杉 競・飯野春樹訳『新訳 経営者の役割』ダイヤモンド社, 1968年。）

4 Drucker, P. F. (1954), *The Practice of Management,* Harper & Row.（野田一夫監修・現代経営研究会訳『現代の経営（上・下）』ダイヤモンド社, 1965年；上田惇生訳『現代の経営（上・下）』ダイヤモンド社, 2006年。）

5 Drucker, P. F. (1969), *The Age of Discontinuity: Guidelines to Our Changing Society,* Harper & Row.（林 雄二郎訳『断絶の時代——来るべき知識社会の構想——』ダイヤモンド社, 1969年；上田惇生訳, ダイヤモンド社, 2007年。）

6 Lawrence, P. R. and Lorsch, J. W. (1967), *Organization and Environment: Managing Differentiation and Integration,* Harvard University Press.（吉田 博訳『組織の条件適応理論——コンティンジェンシー・セオリー——』産業能率短期大学出版部, 1977年。）

7 March, J. G. and Olsen, J. P. (1976, 1979), *Ambiguity and Choice in Organizations,* Universitetsforlaget.（遠田雄志, アリソン・ユング訳『組織におけるあいまいさと決定』有斐閣, 1986年。）

8 Nonaka, I. and Takeuchi, H. (1995), *The Knowledge-Creating Company: How Japanese Companies Create the Dynamics of Innovation,* Oxford University Press.（梅本勝博訳『知識創造企業』東洋経済新報社, 1996年。）

9 Piore, M. J. and Sabel, C. F. (1984), *The Second Industrial Divide:*

Possibilities for Prosperity, Basic Books.(山之内　靖・永易浩一・石田あつみ訳『第二の産業分水嶺』筑摩書房，1993年。)

10　Polanyi, M. (1967), *The Tacit Dimension,* Routledge & Kegan Paul.(佐藤敬三訳『暗黙知の次元——言語から非言語へ——』紀伊国屋書店，1980年；高橋勇夫訳，筑摩書房，2003年。)

11　Simon, H. A. (1945, 1947, 1957, 1976, 1997), *Administrative Behavior: A Study of Decision-Making Process in Administrative Organizations,* The Free Press.(松田武彦・高柳　暁・二村敏子訳『経営行動』ダイヤモンド社，1965年，1989年；二村敏子・桑田耕太郎・高尾義明・西脇暢子・高柳美香訳『【新版】経営行動』ダイヤモンド社，2009年。)

12　Thompson, J. D. (1967, 2003), *Organizations in Action: Social Science Bases of Administrative Theory,* McGraw-Hill and Transaction Publishers.(高宮　晋監訳，鎌田伸一・新田義則・二宮豊志訳『オーガニゼーション・イン・アクション——管理理論の社会科学的基礎——』同文舘出版，1987年；大月博司・廣田俊郎訳『行為する組織——組織と管理の理論についての社会科学的基盤——』同文舘出版，2012年。)

13　Weick, K. E. (1969), *The Social Psychology of Organizing,* Addison-Wesley.(金児暁嗣訳『組織化の心理学』誠信書房，1980年。)

14　Weick, K. E. (1979), *The Social Psychology of Organizing* (2nd), McGraw-Hill.(遠田雄志訳『組織化の社会心理学（第2版）』文眞堂，1997年。)

15　Williamson, O. E. (1964, 1967), *The Economics of Discretionary Behavior: Managerial Objectives in a Theory of the Firm,* Prentice-Hall and Kershaw Publishing.(井上　薫訳『裁量的行動の経済学——企業理論における経営者目標——』千倉書房，1982年。)

16　Williamson, O. E. (1970), *Corporate Control and Business Behavior: An Inquiry into the Effects of Organization Form on Enterprise Behavior,* Prentice-Hall.(岡本康雄・高宮　誠共訳『現代企業の組織革新と企業行動』丸善，1975年。)

17　Williamson, O. E. (1975), *Markets and Hierarchies, Analysis and Antitrust Implications : A Study in the Economics of Internal Organization,* The Free Press.(浅沼萬里・岩崎　晃訳『市場と企業組織』日本評論社，1980年。)

18　Williamson, O. E. (1990), *Organization Theory: From Chester Barnard to the Present and Beyond,* Oxford University Press.(飯野春樹監訳『現代組織論とバーナード』文眞堂，1997年。)

日本語文献
1 大野耐一（1978），『トヨタ生産方式――脱規模の経営をめざして――』ダイヤモンド社。
2 加護野忠男（1988），『組織認識論――企業における創造と革新の研究――』千倉書房。
3 小池和男（1991，1999，2005），『仕事の経済学』東洋経済新報社。
4 庭本佳和（2006），『バーナード経営学の展開――意味と生命を求めて――』文眞堂。
5 馬場克三（1957），『個別資本と経営技術――経営学の方法及び労務の根本問題――』有斐閣。

2 新制度派経済学研究の停滞とその脱却

外国語文献
1 Coase, R. H. (1988), *The Firm, The Market, and The Law,* The University of Chicago.（宮沢健一・後藤 晃・藤垣芳文訳『企業・市場・法』東洋経済新報社，1992年。）
2 Demsetz, H. (1988), *Ownership, Control, and the Firm* (*Vol. 1 of The Organization of Economic Activity*), Basil Blackwell.
3 Hart, O. (1995), *Firms, Contracts, and Financial Structure,* Oxford University Press.
4 Jensen, M. C. (2000), *A Theory of the Firm: Governance, Residual Claims, and Organizational Forms,* Harvard University Press.
5 Milgrom, P. R. and Roberts, J. (1992), *Economics, Organization and Management,* Prentice Hall.（奥野正寛・伊藤秀史・今井晴雄・西村理・八木 甫訳『組織の経済学』NTT出版，1997年。）
6 Popper, K. R. (1959), *The Logic of Scientific Discovery,* Hutchinson.（大内義一・森 博訳『科学的発見の論理（上・下）』恒星社厚生閣，1972年。）
7 Popper, K. R. (1972), *Objective Knowledge: An Evolutionary Approach,* Clarendon Press.（森 博訳『客観的知識――進化論的アプローチ――』木鐸社，1974年。）
8 Williamson, O. E. (1975), *Markets and Hierarchies, Analysis and Antitrust Implication: A Study in the Economics of Internal Organization,* The Free Press.（浅沼萬理・岩崎 晃訳『市場と企業組

織』日本評論社，1980年。)
9 Williamson, O. E. (1985), *The Economic Institutions of Capitalism: Firms, Markets, Relational Contracting,* The Free Press.
10 Williamson, O. E. (1996), *The Mechanisms of Governance,* Oxford University Press.

日本語文献
1 今井賢一・伊丹敬之・小池和男（1982），『内部組織の経済学』東洋経済新報社。
2 菊澤研宗（2006），『組織の経済学入門——新制度派経済学アプローチ——』有斐閣。
3 菊澤研宗（2008），『戦略学——立体的戦略の原理——』ダイヤモンド社。
4 菊澤研宗編著（2010），『企業の不条理——「合理的失敗」はなぜ起こるのか——』中央経済社。
5 清水克俊・堀内昭義（2003），『インセンティブの経済学』有斐閣。
6 多田洋介（2003），『行動経済学入門』日本経済新聞社。
7 柳川範之（2000），『契約と組織の経済学』東洋経済新報社。
8 渡部直樹編著（2010），『ケイパビリティの組織論・戦略論』中央経済社。
9 渡部直樹編著（2014），『企業の知識理論——組織・戦略の研究——』中央経済社。

3 経営戦略論の理論的多元性と実践的含意

外国語文献
1 Ansoff, H. I. (1965), *Corporate Strategy: An Analytic Approach to Business Policy for Growth and Expansion,* McGraw-Hill.（広田寿亮訳『企業戦略論』産業能率短期大学出版部，1969年。）
2 Barney, J. B. (2002), *Gaining and Sustaining Competitive Advantage* (2nd), Prentice Hall.（岡田正大訳『企業戦略論——競争優位の構築と持続——（上・中・下）』ダイヤモンド社，2003年。）
3 Brandenburger, A. M. and Nalebuff, B. J. (1996), *Co-opetition,* Doubleday.（嶋津祐一・東田啓作訳『ゲーム理論で勝つ方法——競争と協調のコーペティション戦略——』日本経済新聞社，2003年。）
4 Freeman, R. E. (1984), *Strategic Management: A Stakeholder Approach,* Pitman.

5 Hamel, G. and Prahalad, C. K. (1994), *Competing for the Future,* Harvard Business School Press.（一條和生訳『コア・コンピタンス経営――大競争時代を勝ち抜く戦略――』日本経済新聞社，1995年。）
6 Hofer, C. W. and Schendel, D. (1978), *Strategy Formulation: Analytical Concepts,* West.（奥村昭博・榊原清則・野中郁次郎訳『戦略策定――その理論と手法――』千倉書房，1995年。）
7 Mintzberg, H., Ahlstrand, B. W. and Lampel, J. (1998), *Strategy Safari: A Guided Tour through the Wilds of Strategic Management,* The Free Press.（齋藤嘉則監訳『戦略サファリ――戦略マネジメント・ガイドブック――』東洋経済新報社，1999年。）
8 Porter, M. E. (1980), *Competitive Strategy: Techniques for Analyzing Industries and Competitors,* The Free Press.（土岐　坤・中辻萬治・服部照夫訳『競争の戦略』ダイヤモンド社，1982年。）
9 Porter, M. E. (1985), *Competitive Advantage : Creating and Sustaining Superior Performance,* The Free Press.（土岐　坤・中辻萬治・小野寺武夫訳『競争優位の戦略――いかに競争優位を持続させるか――』ダイヤモンド社，1985年。）
10 Rumelt, R. P. (2011), *Good Strategy, Bad Strategy: The Difference and Why It Matters,* Crown Business.（村井章子訳『良い戦略，悪い戦略』日本経済新聞出版社，2012年。）

日本語文献
1 青島矢一・加藤俊彦（2012），『競争戦略論（第2版）』東洋経済新報社。
2 浅羽　茂（1995），『競争と協力の戦略――業界標準をめぐる企業行動――』有斐閣。
3 石井淳蔵・加護野忠男・奥村昭博・野中郁次郎（1996），『経営戦略論（新版）』有斐閣。
4 伊丹敬之（2012），『経営戦略の論理――ダイナミック適合と不均衡ダイナミズム――（第4版）』日本経済新聞社。
5 大滝精一・山田英夫・金井一頼・岩田　智（2006），『経営戦略――論理性・創造性・社会性の追求――（新版）』有斐閣。
6 河合忠彦（2004），『ダイナミック戦略論――ポジショニング論と資源論を超えて――』有斐閣。
7 榊原清則（1992），『企業ドメインの戦略論――構想の大きな会社とは――』中公新書。

8 新宅純二郎 (1994),『日本企業の競争戦略――成熟産業の技術転換と企業行動――』有斐閣。
9 沼上 幹 (2009),『経営戦略の思考法――時間展開・相互作用・ダイナミクス――』日本経済新聞出版社。
10 三品和広 (2004),『戦略不全の論理――慢性的な低収益の病からどう抜け出すか――』東洋経済新報社。

4 状況適合理論から組織化の進化論へ

外国語文献

1 Chandler Jr., A. D. (1962), *Strategy and Structure: Chapters in the History of the Industrial Enterprise*, M. I. T. Press.(三菱経済研究所訳『経営戦略と組織――米国企業の事業部制成立史――』実業之日本社, 1967年;有賀裕子訳『組織は戦略に従う』ダイヤモンド社, 2004年。)
2 Donaldson, L. (2001), *The Contingency Theory of Organzations,* Sage.
3 Perrow, C. (1993), "Almost Random Career," in Bedian, A. G. (ed.), *Managerial Laureats: A Collection of Autobiographical Essays*, Vol. 2, JAI Press.
4 Weick, K. E. (1969), *The Social Psychology of Organizing,* Addison-Wesley.(金児暁嗣訳『組織化の心理学』誠信書房, 1980年。)
5 Weick, K. E. (1979), *The Social Psychology of Organizing* (2nd), McGraw-Hill.(遠田雄志訳『組織化の社会心理学(第2版)』文眞堂, 1997年。)
6 Weick, K. E. (1995), *Sensemaking in Organizations,* Sage.(遠田雄志・西本直人訳『センスメーキング イン オーガニゼーションズ』文眞堂, 2001年。)

5 人的資源管理パラダイムの展開――意義・限界・超克可能性――

外国語文献

1 Beer, M. et al. (1984), *Managing Human Assets,* The Free Press.(梅津祐良・水谷榮二訳『ハーバードで教える人材戦略――ハーバード・ビジネススクールテキスト――』日本生産性本部, 1990年。)
2 Blyton, P. and Turnbull, P. (1998), *The Dynamics of Employee Relations*

(2nd), Macmillan-now Palgrave.
3 Bratton, J. and Gold, J. (2003), *Human Resource Management: Theory and Practice* (3rd), Palgrave.（上林憲雄他訳『人的資源管理――理論と実践――』文眞堂, 2007年。）
4 Fombrun, C. J., Tichy, N. M. and Devanna, M. A. (1984), *Strategic Human Resource Management,* Wiley.
5 Kambayashi, N. ed. (2015), *Japanese Management in Change: The Impact of Globalization and Market Principles,* Springer.
6 Legge, K. (1995), *Human Resource Management: Rhetorics and Realities,* Macmillan-now Palgrave.
7 Schuler, R. S. and Jackson, S. E. eds. (2007), *Strategic Human Resource Management* (2nd), Blackwell.
8 Sisson, K. ed. (1989), *Personnel Management in Britain,* Blackwell.
9 Storey, J. (1992), *Developments in the Management of Human Resources: An Analytical Review,* Basil Blackwell.

日本語文献
1 岩出　博 (2002),『戦略的人的資源管理論の実相――アメリカSHRM論研究ノート――』泉文堂。
2 奥林康司ほか (1992),『労務管理入門（増補版）』有斐閣。
3 奥林康司・上林憲雄・平野光俊編著 (2010),『入門 人的資源管理（第2版）』中央経済社。
4 上林憲雄・厨子直之・森田雅也 (2010),『経験から学ぶ人的資源管理』有斐閣。
5 上林憲雄編著 (2013),『変貌する日本型経営――グローバル市場主義の進展と日本企業――』中央経済社。
6 上林憲雄・平野光俊・森田雅也編著 (2014),『現代人的資源管理――グローバル市場主義と日本型システム――』中央経済社。
7 佐藤博樹・藤村博之・八代充史 (2011),『新しい人事労務管理（第4版）』有斐閣。
8 白木三秀編著 (2013),『新版 人的資源管理の基本』文眞堂。
9 八代充史 (2014),『人的資源管理論――理論と制度――（第2版）』中央経済社。

第Ⅴ部
資　料

経営学史学会第22回全国大会実行委員長挨拶

齊　藤　毅　憲

　第22回全国大会は2014年5月16日から18日までの3日間，関東学院大学金沢八景キャンパスにて開催された。開催校の関東学院大学は，開催校責任者高橋公夫教授，事務局長小山嚴也教授，実行委員池内守厚教授，赤尾充哉准教授と私，の5名の体制でなんとか大会を終了させることができたと思っている。参加していただいた会員の皆様には心から感謝している。参加者は約140名であり，懇親会にも多くの参加があり，にぎやかな交流の場となっている。

　第18回大会の「危機の時代の経営および経営学」(福岡大学)，第19回大会の「経営学の思想と方法」(青森公立大学)，第20回記念大会の「経営学の貢献と反省――21世紀を見据えて――」(明治大学)，第21回大会の「経営学に何ができるか――経営学の再生――」(近畿大学)につづく，第22回大会は「現代経営学の潮流と限界――これからの経営学――」を統一論題のテーマにしている。この統一論題のテーマに関する基調報告をうけて，① 新制度派の経営学，② 経営戦略論，③ 非論理的知の組織論，④ ヒューマン・リソース・マネジメント（HRM），という4つの潮流に関する報告と討論が行われた。

　報告者も討論者もそれぞれの分野の現代の代表的な研究者であり，有益な発表と，それに対する綿密な討論が展開されていた。また，フロアからの質疑も多く，時間が過ぎるのを忘れるような雰囲気があったと感じている。

　他方，自由論題は6名であり，発表のテーマは多様に及んでいるだけでなく，興味深いテーマが設定されていた。そんななかで，比較的多くの会員が自由論題報告に参加していただいたと思っている。

　本大会の予稿集で新しい試みとして，私は「関東学院大学経済学部における「経営学の系譜」」(資料)を執筆している。そこでは，昭和の初期に起源をもつ開催校の経営学を支えてきた教員たちのことを取り扱っている。これは個別の大学における経営教育史ともいえるものであり，経営学史とりわけ

日本経営学史研究の一側面になるのではないかと考えている。

　ひとつの学部だけを見ても，多くの人びとが経営学の研究と教育に携わってきたことがわかるのである。今後もこのような試みが行われていくことを期待している。そして，経営学史学会が学史研究のテーマのひとつとして取りあげてほしいとも思っている。

　大会開催を終えて，以下のふたつのことを感じている。ひとつは企業経営と経営学研究のグローバル化が進展しているなかで，グローバルな視点で経営学の発展を見直してみる必要性を感じている。工業化や産業の発展とともに経営学へのニーズが高まり，経営学の研究と教育がグローバルに推進されるようになっていることから考えると，この辺でこの問題を考えてみてもよいのではないか。そのなかで，日本の経営学の発展と位置づけを見直してみることを提案したい。

　そして，もうひとつは学会自体の若返りをどのようにはかり，若い研究者にとって魅力のある学会にする工夫と努力を行うことである。設立から20年以上が経過し，この間，多くの成果をあげてきたが，学会のイノベーションも必要かもしれない。

　ともかくも，会員の皆様に迷惑をかけたことがあったと思うが，なんとかやり終えたという思いである。心から感謝を伝えたい。

第22回全国大会を振り返って

藤 沼　　司

　経営学史学会第22回全国大会は，2014年5月16日（金）から18日（日）まで，関東学院大学金沢八景キャンパスにおいて開催された。
　今大会の統一論題は「現代経営学の潮流と限界——これからの経営学——」であり，そのもとで「潮流Ⅰ　新制度派の経営学」，「潮流Ⅱ　経営戦略論」，「潮流Ⅲ　非論理的知の組織論」，「潮流Ⅳ　ヒューマン・リソース・マネジメント」という4つの潮流を設定し，その総括と展望を行うこととなった。前回大会「経営学に何ができるか——経営学の再生——」は，現実の経営への問いかけを強く意識したものであった。そのことを踏まえ今回は，経営学史研究の原点に立ち返ろうとするものであった。そこでは，1970年代を境に1980年代以降新たな経営学の潮流が形成されてきたとの認識に立って，そうした諸潮流として4つの理論群を取り上げ，その意義と限界を明らかにすることを通じて，「これからの経営学」の理論的端緒を探ろうとするものであった。
　まず，大会実行委員長・齊藤毅憲会員より開会の辞が述べられ，続いて高橋公夫会員による基調報告「現代経営学の潮流と限界——これからの経営学——」が行われた。
　引き続き行われた初日の統一論題報告では，潮流Ⅰに関して，菊澤研宗会員による「新制度派経済学研究の停滞とその脱却——経営学説史研究の危機——」と題する報告が，また潮流Ⅱに関して，大月博司会員による「経営戦略論の理論的多元性と実践性」と題する報告がそれぞれ行われた。
　2日目の統一論題では，潮流Ⅲに関して，岸田民樹会員による「状況適合理論から組織化の進化論へ」と題する報告が，また潮流Ⅳに関して，上林憲雄会員による「人的資源管理パラダイムの展開——意義・限界・超克可能性——」と題する報告がそれぞれ行われた。
　示唆に富む報告や討論を受けて，時間の許す限り，取り上げられた4つの潮流の意義や限界等をめぐって活発な議論がなされた。一連の議論を通じて

「これまでの経営学」のあり様が問われ、「これからの経営学」を構想するための視座が探られ、また経営学史研究の意義が再確認された大会であった。

また自由論題報告については、2会場において計6名による報告がなされた。いずれの会場においても、意欲的な報告と真摯で活発な質疑応答が交わされた。

総会では、2013年度の活動報告と決算ならびに2014年度の活動計画と予算についての報告・審議がなされた。ついで第8期役員選挙が行われ、その後2013年度経営学史学会賞著書部門奨励賞が、馮晏会員『企業とNPOのパートナーシップ・ダイナミクス』（文眞堂）に授与されることが発表され、小笠原英司理事長から表彰が行われた。なお、次回第23回全国大会が大阪商業大学で行われることが確認され、開催校を代表して河辺純会員から挨拶があった。

周到な準備をしていただいた大会実行委員長齊藤毅憲会員をはじめとする関東学院大学の先生方、また当日のスタッフを務めてくださった学生の皆様のお陰で今大会が実り多きものとなったことにたいして、改めて衷心より感謝申し上げます。

なお、第22回全国大会のプログラムは以下のとおりである。

　　　2014年5月17日（土）
【自由論題】（報告25分，質疑30分）
A会場（F-601教室）
　10：00〜10：55　報告者：村田和博（下関市立大学）
　　　　　　　　　「アダム・スミスからJ. S.ミルに至るイギリス分業論の展開」
　　　　　　　　　チェアパーソン：福永文美夫（久留米大学）
B会場（F-402教室）
　10：00〜10：55　報告者：早坂　啓（神戸大学・院）
　　　　　　　　　「制度の象徴性と物質性に関する学説史的検討：超越論的認識論における二律背反概念を通じた考察」
　　　　　　　　　チェアパーソン：杉田　博（石巻専修大学）

【開会・基調報告】(フォーサイト21　3階・F-302教室)
　　11:05～11:10　開会の辞:第22回全国大会実行委員長　齊藤毅憲 (関東学院大学)
　　11:10～11:40　基調報告:高橋公夫 (関東学院大学)
　　　　　　　　　論　題:「現代経営学の潮流と限界 ── これからの経営学──」
　　　　　　　　　司会者:小笠原英司 (明治大学・経営学史学会理事長)

【統一論題】(フォーサイト21　3階・F-302教室) (報告30分,討論20分,質疑応答45分)
　　12:40～14:15　潮流Ⅰ:新制度派の経営学
　　　　　　　　　報告者:菊澤研宗 (慶応義塾大学)
　　　　　　　　　論　題:「新制度派経済学研究の停滞とその脱却:経営学説史研究の危機」
　　　　　　　　　討論者:高橋由明 (中央大学)
　　　　　　　　　司会者:勝部伸夫 (熊本学園大学)
　　14:30～16:05　潮流Ⅱ:経営戦略論
　　　　　　　　　報告者:大月博司 (早稲田大学)
　　　　　　　　　論　題:「経営戦略論の理論的多元性と実践性」
　　　　　　　　　討論者:桑田耕太郎 (首都大学東京)
　　　　　　　　　司会者:藤井一弘 (青森公立大学)

【会員総会・役員選挙】(フォーサイト21　3階・F-302教室)
　　16:10～17:30

【懇親会】(エテルニテ　4階食堂)
　　18:00～20:00

　　2014年5月18日 (日)
【自由論題】(報告25分,質疑30分)
A会場 (F-401教室)
　　9:30～10:25　報告者:津久井稲緒 (関東学院大学・神奈川県政策局政策研究・大学連携センター特任研究員)

　　　　　　　　　　「地域社会レベルからみる企業の社会的責任」
　　　　　　　　　チェアパーソン：水村典弘（埼玉大学）
　10：30～11：25　報告者：吉成　亮（愛知工業大学）
　　　　　　　　　「政治的プロセスとしての内部通報」
　　　　　　　　　チェアパーソン：間嶋　崇（専修大学）
B会場（F-402教室）
　9：30～10：25　報告者：鈴村美代子（明治大学・院）
　　　　　　　　　「コーポレート・ガバナンスの組織論的展開――トップ・
　　　　　　　　　　マネジメント組織に注目して――」
　　　　　　　　　チェアパーソン：池内守厚（関東学院大学）
　10：30～11：25　報告者：赤尾充哉（関東学院大学）
　　　　　　　　　「ダイナミック・ケイパビリティ論の展開と知識経済――
　　　　　　　　　　ティースの理論変遷とポランニーの知識論の関連から
　　　　　　　　　　見て――」
　　　　　　　　　チェアパーソン：藤沼　司（青森公立大学）
【統一論題】（フォーサイト21　3階・F-302教室）（報告30分，討論20分，質
　　　　　　　　　　　　　　　　　　　　　　　　疑応答45分）
　12：25～14：00　潮流Ⅲ：非論理的知の組織論
　　　　　　　　　報告者：岸田民樹（中部大学）
　　　　　　　　　論　題：「状況適合理論から組織化の進化論へ」
　　　　　　　　　討論者：稲村　毅（大阪市立大学）
　　　　　　　　　司会者：中條秀治（中京大学）
　14：05～15：40　潮流Ⅳ：ヒューマン・リソース・マネジメント（HRM）
　　　　　　　　　報告者：上林憲雄（神戸大学）
　　　　　　　　　論　題：「人的資源管理パラダイムの展開 ――意義・限
　　　　　　　　　　　　　界・超克可能性――」
　　　　　　　　　討論者：黒田兼一（明治大学）
　　　　　　　　　司会者：風間信隆（明治大学）
【大会総括・閉会】（フォーサイト21　3階・F-302教室）
　15：40～15：55　大会総括：学会理事長　小笠原英司（明治大学）

閉会の辞：第22回全国大会実行委員長　齊藤毅憲（関東学院大学）

執筆者紹介（執筆順，肩書には大会後の変化が反映されている）

高橋　公夫（関東学院大学教授）
　　主要論文「グローバル時代における経営学批判原理の複合——「断絶の時代」を超えて——」経営学史学会編『危機の時代の経営と経営学（経営学史学会年報　第18輯）』文眞堂，2011年，86-101頁
　　「経済学を超える経営学——経営学構想力の可能性——」（経営学史学会編『経営学の再生——経営学に何ができるか——（経営学史学会年報　第21輯）』文眞堂，2014年，49-64頁

菊澤　研宗（慶應義塾大学教授）
　　主著『比較コーポレート・ガバナンス論——組織の経済学アプローチ——』有斐閣，2004年
　　『戦略学——立体的戦略の原理——』ダイヤモンド社，2008年

大月　博司（早稲田大学商学学術院教授）
　　主要論文「経営者の意図的行為と組織能力」『早稲田商学』第438号，2013年
　　「企業組織の多様化における普遍性と特殊性」『日本経営学会経営論集』第84集，2014年

岸田　民樹（中部大学教授）
　　主著『経営組織と環境適応』三嶺書房，1985年
　　『組織学への道』（編著）文眞堂，2014年

上林　憲雄（神戸大学大学院経営学研究科教授）
　　主著 *Japanese Management in Change,* Springer, 2015（編著）
　　『異文化の情報技術システム』千倉書房，2001年

村田　和博（下関市立大学教授）
　　主著『基礎から学ぶ経営学』五絃舎，2009年
　　『19世紀イギリス経営思想史研究——C．バベッジ，J．モントゴメリー，A．ユア，およびJ．S．ミルの経営学説とその歴史的背景——』五絃舎，2010年

早坂　啓（神戸大学大学院経営学研究科博士課程後期課程在籍）
　　主要論文「制度派組織論における制度ロジック概念の方法論的考察」『経営哲学論集』第30集，2014年
　　　　　　「反省する制度派組織論の行方――制度的企業家から制度ロジックへ――」（共著），桑田耕太郎・松嶋　登・髙橋勅徳編『制度的企業家』ナカニシヤ出版，2015年，第2章

津久井　稲緒（関東学院大学非常勤講師）
　　主要論文「企業の社会的責任のコンフリクト」『日本経営倫理学会誌』第17号，2010年，113-121頁
　　　　　　「広域自治体のコミュニティ政策」（共著），神奈川県政策研究・大学連携センター～シンクタンク神奈川～『かながわ政策研究・大学連携ジャーナル』No.4-②，2013年

吉成　亮（愛知工業大学准教授）
　　主要論文「内部通報における組織論的アプローチ」（共著），『経営情報科学』愛知工業大学，第7巻第2号，2012年，19-30頁
　　　　　　"Ethics Officers Balancing Scandal Prevention and Response," *International Conference Proceedings of ICEHM (ICBSAS' 14)*, 2014, pp. 53-58

赤尾　充哉（関東学院大学専任講師）
　　主要論文「ティース理論の変遷」（共著），渡部直樹編著『ケイパビリティの組織論・戦略論』中央経済社，2010年，第3章
　　　　　　「ダイナミック・ケイパビリティ論の成立と展開――ティースの理論変遷と取引コスト理論の関連から見て――」『日本経営学会誌』第30号，日本経営学会，2012年，27-38頁

経営学史学会年報掲載論文（自由論題）審査規定

1 本審査規定は本学会の年次大会での自由論題報告を条件にした論文原稿を対象とする。
2 編集委員会による形式審査
  原稿が著しく規定に反している場合，編集委員会の責任において却下することができる。
3 査読委員の選定
  査読委員は，原稿の内容から判断して適当と思われる会員2名に地域的バランスも考慮して，編集委員会が委嘱する。なお，大会当日の当該報告のチェアパーソンには査読委員を委嘱しない。また会員に適切な査読委員を得られない場合，会員外に査読委員を委嘱することができる。なお，原稿執筆者と特別な関係にある者（たとえば指導教授，同門生，同僚）には，査読委員を委嘱できない。
  なお，査読委員は執筆者に対して匿名とし，執筆者との対応はすべて編集委員会が行う。
4 編集委員会への査読結果の報告
  査読委員は，論文入手後速やかに査読を行い，その結果を30日以内に所定の「査読結果報告書」に記入し，編集委員会に査読結果を報告しなければならない。なお，報告書における「論文掲載の適否」は，次のように区分する。
  ①適：掲載可とするもの。
  ②条件付き適：条件付きで掲載可とするもの。査読委員のコメントを執筆者に返送し，再検討および修正を要請する。再提出された原稿の修正確認は編集委員会が行う。
  ③再査読：再査読を要するもの。査読委員のコメントを執筆者に返送し，再検討および修正を要請する。再提出された原稿は査読委員が再査読し，判断する。
  ④不適：掲載不可とするもの。ただし，他の1名の評価が上記①～③の場合，査読委員のコメントを執筆者に返送し，再検討および修正を要請する。再提出された原稿は査読委員が再査読し，判断する。
   なお，再査読後の評価は「適（条件付きの場合も含む）」と「不適」の2つと

する。また，再査読後の評価が「不適」の場合，編集委員会の最終評価は，「掲載可」「掲載不可」の2つとするが，再査読論文に対して若干の修正を条件に「掲載可」とすることもある。その場合の最終判断は編集委員会が行う。
5　原稿の採否

編集委員会は，査読報告に基づいて，原稿の採否を以下のようなルールに従って決定する。

①査読委員が2名とも「適」の場合は，掲載を可とする。

②査読委員1名が「適」で，他の1名が「条件付き適」の場合は，修正原稿を編集委員会が確認した後，掲載を可とする。

③査読委員1名が「適」で，他の1名が「再査読」の場合は，後者に修正原稿を再査読するよう要請する。その結果が「適（条件付きの場合を含む）」の場合は，編集委員会が確認した後，掲載を可とする。「不適」の場合は，当該査読委員がそのコメントを編集委員会に提出し，編集委員会が最終判断を行う。

④査読委員が2名とも「条件付き適」の場合は，修正原稿を編集委員会が確認した後，掲載を可とする。

⑤査読委員1名が「条件付き適」で，他の1名が「再査読」の場合は，後者に修正原稿を再査読するよう要請する。その結果が「適（条件付きの場合を含む）」の場合は，編集委員会が前者の修正点を含め確認した後，掲載を可とする。「不適」の場合は，当該査読委員がそのコメントを編集委員会に提出し，編集委員会が最終判断を行う。

⑥査読委員が2名とも「再査読」の場合は，両者に修正原稿を再査読するよう要請する。その結果が2名とも「適（条件付きの場合を含む）」の場合は，編集委員会が確認した後，掲載を可とする。1名あるいは2名とも「不適」の場合は，当該査読委員がそのコメントを編集委員会に提出し，編集委員会が最終判断を行う。

⑦査読委員1名が「条件付き適」で，他の1名が「不適」の場合は，後者に修正原稿を再査読するよう要請する。その結果が「適（条件付きの場合を含む）」の場合は，編集委員会が前者の修正点を含め確認した後，掲載を可とする。「不適」の場合は，当該査読委員がそのコメントを編集委員会に提出し，編集委員会が最終判断を行う。

⑧査読委員1名が「再査読」で，他の1名が「不適」の場合は，両者に修正原稿を再査読するよう要請する。その結果が2名とも「適（条件付きの場合を含む）」

の場合は，編集委員会が確認した後，掲載を可とする。1名あるいは2名とも「不適」の場合は，当該査読委員がそのコメントを編集委員会に提出し，編集委員会が最終判断を行う。

⑨査読委員1名が「適」で，他の1名が「不適」の場合は，後者に修正原稿を再査読するよう要請する。その結果が「適（条件付きの場合を含む）」の場合は，編集委員会が確認した後，掲載を可とする。「不適」の場合は，当該査読委員がそのコメントを編集委員会に提出し，編集委員会が最終判断を行う。

⑩査読委員が2名とも「不適」の場合は，掲載を不可とする。

6 　執筆者への採否の通知

編集委員会は，原稿の採否，掲載・不掲載の決定を，執筆者に文章で通知する。

経営学史学会
年報編集委員会

委員長　藤　井　一　弘（青森公立大学教授）
委　員　岩　田　　　浩（龍　谷　大　学　教　授）
委　員　小　笠　原　英　司（明　治　大　学　教　授）
委　員　風　間　信　隆（明　治　大　学　教　授）
委　員　高　橋　公　夫（関東学院大学教授）
委　員　中　川　誠　士（福　岡　大　学　教　授）
委　員　山　口　隆　之（関西学院大学教授）
委　員　吉　原　正　彦（青森中央学院大学教授）
委　員　藤　沼　　　司（青森公立大学准教授）

編集後記

『現代経営学の潮流と限界――これからの経営学――（経営学史学会年報第22輯）』には，本学会第22回全国大会の基調報告者を含む統一論題報告者によって投稿された論文5本と，自由論題報告を敷衍したうえで当該報告者によって提出され，査読を経た論文5本が収録されている。

第8期の年報編集の責任者を，前任者の勝部伸夫会員の後を継いで務めさせていただいたが，まずは第22輯を送り出せて，ほっとしているというのが実感である。査読委員および編集委員の会員諸氏，そして綿密な内校をはじめ一方ならぬお世話になっている文眞堂の皆様に厚くお礼申し上げたい。

さて，他の学会誌にはまず見られない本年報の特色として，「文献」の部（第Ⅳ部）の存在をあげることができる。これは，当該部分の中扉の裏面に記されているように，第Ⅱ部の統一論題執筆者によって示された各自のテーマに関わる基本文献のリストを編集委員会の責任で集約したものである。

集約の際，編集担当の役割として書誌事項に誤りなきを期すのはもちろんだが，なかでも最大の作業は各文献の「副題」のチェックである。原稿を提出してくださった諸氏には申し訳ないが，著者名とタイトルだけで皆に通じるような著作ほど（あるいは，だからこそ？），「副題」が原稿にないことが多い。ところが，そのような著作には，案外と，非常に具体的な，それも長い副題が付されているケースが，しばしば見られる。浅学を恥じるべきところだが，この点は，作業しながら，少なからず興味深かった。もちろん，このような作業は，国立情報学研究所学術情報ナビゲータ（CiNii）や国立国会図書館サーチ（NDL Search）の助けがなくては，とてもできるものではない。ただ，どうしても現物にあたらざるをえない場合もあった。学史研究ないしは学説研究の重要性を標榜する本学会としては，それらの研究に必須の「文献」の部に遺漏があっては面目を失う。このような編集作業を必要とする所以である。もちろん，至らぬ点については，御叱正をお願いしたい。

いわゆる実証研究においても興味深い仮説を導くためには，先学の研究を確実に押さえておくのが必須であろう。これらへの道案内として「文献」の部が，ますます利用されるよう願っている。　　　　　　（藤井一弘　記）

THE ANNUAL BULLETIN
of
The Society for the History of Management Theories

No. 22   May, 2015

The Trends and Limits of Contemporary Management Theories: Their Future

Contents

Preface
        Masahiko YOSHIHARA (Aomori Chuo Gakuin University)

I **Meaning of the Theme**

II **The Trends and Limits of Contemporary Management Theories: Their Future**

  1 The Trends and Limits of Contemporary Management Theories: Their Future
        Kimio TAKAHASHI (Kanto Gakuin University)

  2 Research Stagnation of New Institutional Economics and its Recovery
        Kenshu KIKUZAWA (Keio University)

  3 Theoretical Pluralism of Strategic Management and Practical Implications
        Hiroshi OTSUKI (Waseda University)

  4 A Paradigm Shift from Contingency Theory to Evolutionary Theory of Organizing
        Tamiki KISHIDA (Chubu University)

5 The Development of HRM Paradigm: Significance, Limitations and Possibilities for Future
>Norio KAMBAYASHI (Kobe University)

III Other Themes

6 The Development of the Division of Labor in Great Britain: From Adam Smith to J. S. Mill
>Kazuhiro MURATA (Shimonoseki City University)

7 Return to Theoretical Background of Symbolicity and Materiality inherent in Institution: Focusing on Kant's Antinomy in Transcendental Epistemology
>Akira HAYASAKA (Kobe University)

8 Corporate Social Responsibility View from the Community Level
>Inao TSUKUI (Kanto Gakuin University)

9 Recent Developments in a Study of Whistleblowing in the U.S.
>Akira YOSHINARI (Aichi Institute of Technology)

10 Knowledge Problems in Dynamic Capabilities Framework
>Atsuya AKAO (Kanto Gakuin University)

IV Literatures

V Materials

Abstracts

The Trends and Limits of Contemporary Management Theories: Their Future

Kimio TAKAHASHI (Kanto Gakuin University)

The theme of this national convention of the Society for the History of Management Theories is "The Trends and Limits of Contemporary Management Theories: Their Future". We bring up 4 theories as the "Contemporary Management Theories", that is, 1) Management Theories of Neo Institutional Economics, 2) Theories of Management Strategy, 3) Organization Theories of Non-Logical Mind, 4) Theories of Human Resource Management. These theories emerged after the mid-1960s and mainly developed after the 1980s with Neo-Liberalism. During this period, the transformation to the knowledge society from the industrial society was proceeding. This context was the background of these trendy theories. Basically, Taylor's principle of separation of planning and doing has been reversed. Decision making is lowered to the bottom for the specific situation. After all, modern concept of management which was originated by C. I. Barnard was embodied and created 4 trendy theories. But now, the turning point has come to these trendy theories since Lehman Shock happened. Therefore, we should review and study them in the integrative perspective from Barnard.

Research Stagnation of New Institutional Economics and its Recovery

Kenshu KIKUZAWA (Keio University)

New institutional economics is composed mainly of three theories: transaction cost economics, agency theory, and theory of property rights. Among them, agency theory and theory of property rights have been progressive in the field of economics. Economists have made a variety of the mathematical models. The two theories, therefore, will be more progressive in the future. In contrast, many researchers have developed transaction costs economics mainly in the field of business administration. But the mathematical models have not necessarily been made. It is likely that the research shows stagnation as academics. Why has not transaction cost economics been progressive in the field of business administration? What should we do in order to recover the research? This paper resolves these issues, considering the existing research situation in the U.S.

Theoretical Pluralism of Strategic Management and Practical Implications

Hiroshi OTSUKI (Waseda University)

Generally speaking, we have seen the theoretical development and evolution of strategic management since 1970s. Also, since then, the strategy-focused consulting firm such as Boston Consulting Group (BCG) has got a great deal of reputation to improve the performance of a firm facing the strategic imperative.

This paper aims to examine, rather than just looking back historically, the pluralistic development of strategic management theory and explore its theoretical and practical implications. Considering that the theoretical pluralism of strategic management are referred from the different points of ontology and epistemology of strategic theorists, its future direction and possibilities are to be made clear. In conclusion, the theoretical pluralism of strategic management would bring to lack the theoretical consistency and some of practical implications from strategic theory would not be beneficial on the strategic aspect of business organization. As a result, simultaneous realization of partial optimization and overall optimization of strategic behavior are difficult, and some limitations of strategic model are made clear theoretically and practically. Including social issues, we have a future consideration of what to overcome these limitations associated with theoretical pluralism of strategic management.

A Paradigm Shift from Contingency Theory to Evolutionary Theory of Organizing

Tamiki KISHIDA (Chubu University)

In the following is the aim of this chapter. Firstly, against the criticism of the environmental determinism, Contingency Theory introduces the strategy variables to develop ESOP model. Secondly, the evolutionary theory of organizing with the opposite causal relationship is introduced. Lastly, the types of the method for integrate these two paradigms are shown. As a whole, we here emphasize not eclectic but integration.

The Development of HRM Paradigm: Significance, Limitations and Possibilities for Future

Norio KAMBAYASHI (Kobe University)

Management of people in organizations has changed its paradigm from Personnel Management (PM) to Human Resource Management (HRM) since 1980s. This article clarifies some significance and limitations involved in the paradigm shift and discuss possibilities for future development of the HRM paradigm.

In the first place, popular theoretical models of HRM are reviewed to discuss its characteristics and differences from PM paradigm. Secondly, some significance and limitations of the HRM paradigm are argued particularly focusing on the penetration of global market principles to organizations and on its orientations to cause-objective analysis of human behavior. Thirdly, I discuss possible scenarios for overcoming the limitations of HRM paradigm for future development. In the final section I reply to the discussant's comments and criticisms.

現代経営学の潮流と限界
──これからの経営学──
経営学史学会年報　第22輯

2015年5月15日　第1版第1刷発行　　　　　　　検印省略

編　者　　経 営 学 史 学 会

発行者　　前　野　　　隆

　　　　　東京都新宿区早稲田鶴巻町533
発行所　　㈱ 文　眞　堂
　　　　　電　話　03（3202）8480
　　　　　Ｆ Ａ Ｘ　03（3203）2638
　　　　　郵便番号（162-0041）振替00120-2-96437

組版・オービット　印刷・平河工業社　製本・イマヰ製本所
Ⓒ 2015
URL. http://keieigakusi.info/
　　　http://www.bunshin-do.co.jp/
落丁・乱丁本はおとりかえいたします
定価はカバー裏に表示してあります
ISBN978-4-8309-4863-3　C3034

● 好評既刊

経営学の位相 第一輯
●主要目次
I 課題
- 一 経営学の本格化と経営学史研究の重要性　　山本安次郎
- 二 社会科学としての経営学　　三戸　公
- 三 管理思考の呪縛——そこからの解放　　北野利信
- 四 バーナードとヘンダーソン　　加藤勝康
- 五 経営経済学史と科学方法論　　永田　誠
- 六 非合理主義的組織論の展開を巡って　　稲村　毅
- 七 組織情報理論の構築へ向けて　　小林敏男

II 人と業績
- 八 村本福松先生と中西寅雄先生の回想　　高田　馨
- 九 馬場敬治——その業績と人柄　　雲嶋良雄
- 十 北川宗藏教授の「経営経済学」　　海道　進
- 十一 シュマーレンバッハ学説のわが国への導入　　齊藤隆夫
- 十二 回想——経営学研究の歩み　　大島國雄

経営学の巨人 第二輯
●主要目次
I 経営学の巨人
- 一 H・ニックリッシュ
  1 現代ドイツの企業体制とニックリッシュ　　吉田　修
  2 ナチス期ニックリッシュの経営学　　田中照純
  3 ニックリッシュの自由概念と経営思想　　鈴木辰治
- 二 C・I・バーナード
  4 バーナード理論と有機体の論理　　村田晴夫
  5 現代経営学とバーナードの復権　　庭本佳和
  6 バーナード理論と現代　　稲村　毅
- 三 K・マルクス
  7 日本マルクス主義と批判的経営学　　川端久夫
  8 旧ソ連型マルクス主義の崩壊と個別資本説の現段階　　片岡信之
  9 マルクスと日本経営学　　篠原三郎

II 経営学史論攷
1. アメリカ経営学史の方法論的考察 　　　　　三井　　　泉
2. 組織の官僚制と代表民主制 　　　　　　　　奥田　幸助
3. ドイツ重商主義と商業経営論 　　　　　　　北村健之助
4. アメリカにみる「キャリア・マネジメント」理論の動向 　西川　清之

III 人と業績
1. 藻利重隆先生の卒業論文 　　　　　　　　　三戸　　　公
2. 日本の経営学研究の過去・現在・未来 　　　儀我壮一郎
3. 経営学生成への歴史的回顧 　　　　　　　　鈴木　和蔵

IV 文献

日本の経営学を築いた人びと 第三輯
●主要目次

I 日本の経営学を築いた人びと
一　上田貞次郎――経営学への構想―― 　　　　　　　　小松　　　章
二　増地庸治郎経営理論の一考察 　　　　　　　　　　　河野　大機
三　平井泰太郎の個別経済学 　　　　　　　　　　　　　眞野　　　脩
四　馬場敬治経営学の形成・発展の潮流とその現代的意義 　岡本　康雄
五　古林経営学――人と学説―― 　　　　　　　　　　　門脇　延行
六　古林教授の経営労務論と経営民主化論 　　　　　　　奥田　幸助
七　馬場克三――五段階説、個別資本説そして経営学―― 　三戸　　　公
八　馬場克三・個別資本の意識性論の遺したもの 　　　　川端　久夫
　　――個別資本説と近代管理学の接点――
九　山本安次郎博士の「本格的経営学」の主張をめぐって 　加藤　勝康
　　――Kuhnian Paradigmとしての「山本経営学」――
十　山本経営学の学史的意義とその発展の可能性 　　　　谷口　照三
十一　高宮　晋―経営組織の経営学的論究 　　　　　　　鎌田　伸一
十二　山城経営学の構図 　　　　　　　　　　　　　　　森本　三男
十三　市原季一博士の経営学説――ニックリッシュとともに―― 　増田　正勝
十四　占部経営学の学説史的特徴とバックボーン 　　　　金井　壽宏
十五　渡辺銕蔵論――経営学史の一面―― 　　　　　　　高橋　俊夫
十六　生物学的経営学説の生成と展開 　　　　　　　　　裴　　富吉
　　――暉峻義等の労働科学：経営労務論の一源流――

II 文献

アメリカ経営学の潮流　第四輯
●主要目次
I　アメリカ経営学の潮流
　一　ポスト・コンティンジェンシー理論──回顧と展望──　　野中郁次郎
　二　組織エコロジー論の軌跡　　村上伸一
　　　　──一九八〇年代の第一世代の中核論理と効率に関する議論
　　　　　の検討を中心にして──
　三　ドラッカー経営理論の体系化への試み　　河野大機
　四　H・A・サイモン──その思想と経営学──　　稲葉元吉
　五　バーナード経営学の構想　　眞野脩
　六　プロセス・スクールからバーナード理論への接近　　辻村宏和
　七　人間関係論とバーナード理論の結節点　　吉原正彦
　　　　──バーナードとキャボットの交流を中心として──
　八　エルトン・メイヨーの管理思想再考　　原田實
　九　レスリスバーガーの基本的スタンス　　杉山三七男
　十　F・W・テイラーの管理思想　　中川誠士
　　　　──ハーバード経営大学院における講義を中心として──
　十一　経営の行政と統治　　北野利信
　十二　アメリカ経営学の一一〇年──社会性認識をめぐって──　　中村瑞穂
II　文献

経営学研究のフロンティア　第五輯
●主要目次
I　日本の経営者の経営思想
　一　日本の経営者の経営思想　　清水龍瑩
　　　　──情報化・グローバル化時代の経営者の考え方──
　二　日本企業の経営理念にかんする断想　　森川英正
　三　日本型経営の変貌──経営者の思想の変遷──　　川上哲郎
II　欧米経営学研究のフロンティア
　四　アメリカにおけるバーナード研究のフロンティア　　高橋公夫
　　　　──William, G. Scott の所説を中心として──
　五　フランスにおける商学・経営学教育の成立と展開　　日高定昭
　　　　（一八一九年──一九五六年）
　六　イギリス組織行動論の一断面　　幸田浩文

　　　　――経験的調査研究の展開をめぐって――
　七　ニックリッシュ経営学変容の新解明　　　　　　森　　哲　彦
　八　E・グーテンベルク経営経済学の現代的意義　　髙　橋　由　明
　　　　――経営タイプ論とトップ・マネジメント論に焦点を合わせて――
　九　シュマーレンバッハ「共同経済的生産性」概念の再構築　　永　田　　誠
　十　現代ドイツ企業体制論の展開　　　　　　　　　海道ノブチカ
　　　　――R・-B・シュミットとシュミーレヴィッチを中心として――
Ⅲ　現代経営・組織研究のフロンティア
　十一　企業支配論の新視角を求めて　　　　　　　　片　岡　　進
　　　　――内部昇進型経営者の再評価、資本と情報の同時追究、
　　　　　　自己組織論の部分的導入――
　十二　自己組織化・オートポイエーシスと企業組織論　長　岡　克　行
　十三　自己組織化現象と新制度派経済学の組織論　　　丹　沢　安　治
Ⅳ　文　献

経営理論の変遷　第六輯
● 主要目次
Ⅰ　経営学史研究の意義と課題
　一　経営学史研究の目的と意義　　　　　　　　　ウィリアム・G・スコット
　二　経営学史の構想における一つの試み　　　　　加　藤　勝　康
　三　経営学の理論的再生運動　　　　　　　　　　鈴　木　幸　毅
Ⅱ　経営理論の変遷と意義
　四　マネジメント・プロセス・スクールの変遷と意義　二　村　敏　子
　五　組織論の潮流と基本概念　　　　　　　　　　岡　本　康　雄
　　　　――組織的意思決定論の成果をふまえて――
　六　経営戦略の意味　　　　　　　　　　　　　　加護野　忠　男
　七　状況適合理論（Contingency Theory）　　　　岸　田　民　樹
Ⅲ　現代経営学の諸相
　八　アメリカ経営学とヴェブレニアン・インスティテュー
　　　ショナリズム　　　　　　　　　　　　　　　今　井　清　文
　九　組織論と新制度派経済学　　　　　　　　　　福　永　文美夫
　十　企業間関係理論の研究視点　　　　　　　　　山　口　隆　之
　　　　――「取引費用」理論と「退出／発言」理論の比較を通じて――
　十一　ドラッカー社会思想の系譜　　　　　　　　島　田　　恒
　　　　――「産業社会」の構想と挫折、「多元社会」への展開――

十二	バーナード理論のわが国への適用と限界	大平義隆
十三	非合理主義的概念の有効性に関する一考察 ——ミンツバーグのマネジメント論を中心に——	前田東岐
十四	オートポイエシス——経営学の展開におけるその意義——	藤井一弘
十五	組織文化の組織行動に及ぼす影響について ——E・H・シャインの所論を中心に——	間嶋崇

Ⅳ　文　献

経営学百年――鳥瞰と未来展望――　第七輯

● 主要目次

Ⅰ　経営学百年――鳥瞰と未来展望――

一	経営学の主流と本流——経営学百年、鳥瞰と課題——	三戸公
二	経営学における学の世界性と経営学史研究の意味 ——「経営学百年——鳥瞰と未来展望」に寄せて	村田晴夫
三	マネジメント史の新世紀	ダニエル・A・レン

Ⅱ　経営学の諸問題――鳥瞰と未来展望――

四	経営学の構想——経営学の研究対象・問題領域・考察方法——	万仲脩一
五	ドイツ経営学の方法論吟味	清水敏允
六	経営学における人間問題の理論的変遷と未来展望	村田和彦
七	経営学における技術問題の理論的変遷と未来展望	宗像正幸
八	経営学における情報問題の理論的変遷と未来展望 ——経営と情報——	伊藤淳巳・下﨑千代子
九	経営学における倫理・責任問題の理論的変遷と未来展望	西岡健夫
十	経営の国際化問題について	赤羽新太郎
十一	日本的経営論の変遷と未来展望	林正樹
十二	管理者活動研究の理論的変遷と未来展望	川端久夫

Ⅲ　経営学の諸相

十三	M・P・フォレット管理思想の基礎 ——ドイツ観念論哲学における相互承認論との関連を中心に——	杉田博
十四	科学的管理思想の現代的意義 ——知識社会におけるバーナード理論の可能性を求めて——	藤沼司
十五	経営倫理学の拡充に向けて ——デューイとバーナードが示唆する重要な視点——	岩田浩
十六	H・A・サイモンの組織論と利他主義モデルを巡って ——企業倫理と社会選択メカニズムに関する提言——	髙巖

十七	組織現象における複雑性	阿辻茂夫
十八	企業支配論の一考察	坂本雅則
	――既存理論の統一的把握への試み――	

Ⅳ 文献

組織管理研究の百年 第八輯

● 主要目次

Ⅰ 経営学百年――組織・管理研究の方法と課題――
一	経営学研究における方法論的反省の必要性	佐々木恒男
二	比較経営研究の方法と課題	愼侑根
	――東アジア的企業経営システムの構想を中心として――	
三	経営学の類別と展望――経験と科学をキーワードとして――	原澤芳太郎
四	管理論・組織論における合理性と人間性	池内秀己
五	アメリカ経営学における「プラグマティズム」と「論理実証主義」	三井泉
六	組織変革とポストモダン	今田高俊
七	複雑適応系――第三世代システム論――	河合忠彦
八	システムと複雑性	西山賢一

Ⅱ 経営学の諸問題
九	組織の専門化に関する組織論的考察	吉成亮
	――プロフェッショナルとクライアント――	
十	オーソリティ論における職能説	高見精一郎
	――高宮晋とM・P・フォレット――	
十一	組織文化論再考――解釈主義的文化論へ向けて――	四本雅人
十二	アメリカ企業社会とスピリチュアリティー	村山元理
十三	自由競争を前提にした市場経済原理にもとづく経営学の功罪――経営資源所有の視点から――	海老澤栄一
十四	組織研究のあり方	大月博司
	――機能主義的分析と解釈主義的分析――	
十五	ドイツの戦略的管理論研究の特徴と意義	加治敏雄
十六	企業に対する社会的要請の変化	小山嚴也
	――社会的責任論の変遷を手がかりにして――	
十七	E・デュルケイムと現代経営学	齋藤貞之

Ⅲ 文献

IT革命と経営理論 第九輯
●主要目次
I テイラーからITへ──経営理論の発展か、転換か──
　一　序説　テイラーからITへ──経営理論の発展か転換か──　　稲葉　元吉
　二　科学的管理の内包と外延──IT革命の位置──　　三戸　公
　三　テイラーとIT──断絶か連続か──　　篠崎　恒夫
　四　情報化と協働構造　　國領　二郎
　五　経営情報システムの過去・現在・未来　　島田　達巳
　　　──情報技術革命がもたらすもの──
　六　情報技術革命と経営および経営学　　庭本　佳和
　　　──島田達巳「経営情報システムの過去・現在・未来」をめぐって──
II 論　攷
　七　クラウゼウィッツのマネジメント論における理論と実践　　鎌田　伸一
　八　シュナイダー企業者職能論　　関野　賢
　九　バーナードにおける組織の定義について　　坂本　光男
　　　──飯野－加藤論争に関わらせて──
　十　バーナード理論と企業経営の発展　　高橋　公夫
　　　──原理論・類型論・段階論──
　十一　組織論における目的概念の変遷と展望　　西本　直人
　　　──ウェーバーからCMSまで──
　十二　ポストモダニズムと組織論　　高橋　正泰
　十三　経営組織における正義　　宮本　俊昭
　十四　企業統治における法的責任の研究　　境　新一
　　　──経営と法律の複眼的視点から──
　十五　企業統治論における正当性問題　　渡辺　英二
III 文　献

現代経営と経営学史の挑戦
　──グローバル化・地球環境・組織と個人──　第十輯
●主要目次
I 現代経営の課題と経営学史研究
　一　現代経営の課題と経営学史研究の役割─展望　　小笠原　英司
　二　マネジメントのグローバルな移転　　岡田　和秀
　　　──マネジメント・学説・背景──

三　グローバリゼーションと文化　　　　　　　　　　　髙　橋　由　明
　　　　──経営管理方式国際移転の社会的意味──
　四　現代経営と地球環境問題──経営学史の視点から──　庭　本　佳　和
　五　組織と個人の統合　　　　　　　　　　　　　　　　太　田　　　肇
　　　　──ポスト新人間関係学派のモデルを求めて──
　六　日本的経営の一検討──その毀誉褒貶をたどる──　　赤　岡　　　功
Ⅱ　創立十周年記念講演
　七　経営学史の課題　　　　　　　　　　　　　　　　　阿　部　謹　也
　八　経営学教育における企業倫理の領域　　　　　Ｅ・Ｍ・エプスタイン
　　　　──過去・現在・未来──
Ⅲ　論　攷
　九　バーナード組織概念の一詮議　　　　　　　　　　　川　端　久　夫
　十　道徳と能力のシステム──バーナードの人間観再考──　磯　村　和　人
　十一　バーナードにおける過程性と物語性　　　　　　　小　濱　　　純
　　　　──人間観からの考察──
　十二　経営学における利害関係者研究の生成と発展　　　水　村　典　弘
　　　　──フリーマン学説の検討を中心として──
　十三　現代経営の底流と課題──組織知の創造を超えて──　藤　沼　　　司
　十四　個人行為と組織文化の相互影響関係に関する一考察　間　嶋　　　崇
　　　　──Ａ・ギデンズの構造化論をベースとした組織論の考察をヒントに──
　十五　組織論における制度理論の展開　　　　　　　　　岩　橋　建　治
　十六　リーダーシップと組織変革　　　　　　　　　　　吉　村　泰　志
　十七　ブライヒャー統合的企業管理論の基本思考　　　　山　縣　正　幸
　十八　エーレンベルク私経済学の再検討　　　　　　　　梶　脇　裕　二
Ⅳ　文　献

経営学を創り上げた思想　第十一輯
●主要目次
Ⅰ　経営理論における思想的基盤
　一　経営学における実践原理・価値規準について　　　　仲　田　正　機
　　　　──アメリカ経営管理論を中心として──
　二　プラグマティズムと経営理論　　　　　　　　　　　岩　田　　　浩
　　　　──チャールズ・Ｓ・パースの思想からの洞察──
　三　プロテスタンティズムと経営思想　　　　　　　　　三　井　　　泉
　　　　──クウェーカー派を中心として──

四　シュマーレンバッハの思想的・実践的基盤　　　　　　　　平　田　光　弘
　五　ドイツ経営経済学・経営社会学と社会的カトリシズム　　　増　田　正　勝
　六　上野陽一の能率道　　　　　　　　　　　　　　　　　　齊　藤　毅　憲
　七　日本的経営の思想的基盤——経営史的な考究——　　　　由　井　常　彦
Ⅱ　特別講演
　八　私の経営理念　　　　　　　　　　　　　　　　　　　　辻　　　　　理
Ⅲ　論　攷
　九　ミッションに基づく経営——非営利組織の事業戦略基盤——　島　田　　　恒
　十　価値重視の経営哲学　　　　　　　　　　　　　　　　　村　山　元　理
　　　　——スピリチュアリティの探求を学史的に照射して——
　十一　企業統治における内部告発の意義と問題点　　　　　　境　　　新　一
　　　　——経営と法律の視点から——
　十二　プロセスとしてのコーポレート・ガバナンス　　　　　生　田　泰　亮
　　　　——ガバナンス研究に求められるもの——
　十三　「経営者の社会的責任」論とシュタインマンの企業倫理論　高　見　直　樹
　十四　ヴェブレンとドラッカー——企業・マネジメント・社会——　春　日　　　賢
　十五　調整の概念の学史的研究と現代的課題　　　　　　　　松　田　昌　人
　十六　HRO研究の革新性と可能性　　　　　　　　　　　　西　本　直　人
　十七　「ハリウッド・モデル」とギルド　　　　　　　　　　國　島　弘　行
Ⅳ　文　献

ガバナンスと政策——経営学の理論と実践——　第十二輯

●主要目次
Ⅰ　ガバナンスと政策
　一　ガバナンスと政策　　　　　　　　　　　　　　　　　　片　岡　信　之
　二　アメリカにおける企業支配論と企業統治論　　　　　　　佐久間　信　夫
　三　フランス企業統治　　　　　　　　　　　　　　　　　　築　場　保　行
　　　　——経営参加、取締役会改革と企業法改革——
　四　韓国のコーポレート・ガバナンス改革とその課題　　　　勝　部　伸　夫
　五　私の経営観　　　　　　　　　　　　　　　　　　　　　岩　宮　陽　子
　六　非営利組織における運営の公正さをどう保つのか　　　　荻　野　博　司
　　　　——日本コーポレート・ガバナンス・フォーラム十年の経験から——
　七　行政組織におけるガバナンスと政策　　　　　　　　　　石　阪　丈　一
Ⅱ　論　攷
　八　コーポレート・ガバナンス政策としての時価主義会計　　菊　澤　研　宗

　　　　──M・ジェンセンのエージェンシー理論とF・シュ
　　　　　ミットのインフレ会計学説の応用──
　九　組織コントロールの変容とそのロジック　　　　　　大　月　博　司
　十　組織間関係の進化に関する研究の展開　　　　　　　小　橋　　　勉
　　　　──レベルとアプローチの視点から──
　十一　アクター・ネットワーク理論の組織論的可能性　　髙　木　俊　雄
　　　　──異種混交ネットワークのダイナミズム──
　十二　ドイツにおける企業統治と銀行の役割　　　　　　松　田　　　健
　十三　ドイツ企業におけるコントローリングの展開　　　小　澤　優　子
　十四　M・P・フォレット管理思想の基礎　　　　　　　杉　田　　　博
　　　　──W・ジェームズとの関連を中心に──
Ⅲ　文　献

企業モデルの多様化と経営理論　第十三輯
　　──二十一世紀を展望して──

● 主要目次
Ⅰ　企業モデルの多様化と経営理論
　一　経営学史研究の新展開　　　　　　　　　　　　　　佐々木　恒　男
　二　アメリカ経営学の展開と組織モデル　　　　　　　　岸　田　民　樹
　三　二十一世紀の企業モデルと経営理論──米国を中心に──　角　野　信　夫
　四　EU企業モデルと経営理論　　　　　　　　　　　　万　仲　脩　一
　五　EUにおける労働市場改革と労使関係　　　　　　　久　保　広　正
　六　アジア─中国企業モデルと経営理論　　　　　　　　金　山　　　権
　七　シャリーア・コンプライアンスと経営　　　　　　　櫻　井　秀　子
　　　　──イスラームにおける経営の原則──
Ⅱ　論　攷
　八　経営学と社会ダーウィニズム　　　　　　　　　　　福　永　文美夫
　　　　──テイラーとバーナードの思想的背景──
　九　個人と組織の不調和の克服を目指して　　　　　　　平　澤　　　哲
　　　　──アージリス前期学説の体系とその意義──
　十　経営戦略論の新展開における「レント」概念
　　　の意義について　　　　　　　　　　　　　　　　　石　川　伊　吹
　十一　経営における意思決定と議論合理性　　　　　　　宮　田　将　吾
　　　　──合理性測定のコンセプト──

十二　ステークホルダー型企業モデルの構造と機能　　　　　　水　村　典　弘
　　　　　──ステークホルダー論者の論法とその思想傾向──
十三　支援組織のマネジメント──信頼構築に向けて──　　　狩　俣　正　雄

Ⅲ　文　献

経営学の現在──ガバナンス論、組織論・戦略論──　第十四輯
● 主要目次
Ⅰ　経営学の現在
一　「経営学の現在」を問う　　　　　　　　　　　　　　　勝　部　伸　夫
　　　──コーポレート・ガバナンス論と管理論・組織論──
二　株式会社を問う──「団体」の概念──　　　　　　　　中　條　秀　治
三　日本の経営システムとコーポレート・ガバナンス　　　　菊　池　敏　夫
　　　──その課題、方向、および条件の検討──
四　ストックホルダー・ガバナンス 対 ステイクホルダー・ガバナンス　菊　澤　研　宗
　　　──状況依存的ステイクホルダー・ガバナンスへの収束──
五　経営学の現在──自己組織・情報世界を問う──　　　　三　戸　　　公
六　経営学史の研究方法　　　　　　　　　　　　　　　　　吉　原　正　彦
　　　──「人間協働の科学」の形成を中心として──
七　アメリカの経営戦略と日本企業の実証研究　　　　　　　沼　上　　　幹
　　　──リソース・ベースト・ビューを巡る相互作用──
八　経営戦略研究の新たな視座　　　　　　　　　　　　　　庭　本　佳　和
　　　──沼上報告「アメリカの経営戦略論（ＲＢＶ）と日本企業
　　　の実証的研究」をめぐって──

Ⅱ　論　攷
九　スイッチングによる二重性の克服　　　　　　　　　　　渡　辺　伊津子
　　　──品質モデルをてがかりにして──
十　組織認識論と資源依存モデルの関係　　　　　　　　　　佐々木　秀　徳
　　　──環境概念、組織観を手掛かりとして──
十一　組織学習論における統合の可能性　　　　　　　　　　伊　藤　なつこ
　　　──マーチ＆オルセンの組織学習サイクルを中心に──
十二　戦略論研究の展開と課題　　　　　　　　　　　　　　宇田川　元　一
　　　──現代戦略論研究への学説史的考察から──
十三　コーポレート・レピュテーションによる持続的競争優位　加賀田　和　弘
　　　──資源ベースの経営戦略の観点から──
十四　人間操縦と管理論　　　　　　　　　　　　　　　　　山　下　　　剛

十五	リーダーシップ研究の視点	薄羽　哲哉
	──リーダー主体からフォロワー主体へ──	
十六	チャールズ・バベッジの経営思想	村田　和博
十七	非営利事業体ガバナンスの意義と課題について	松本　典子
	──ワーカーズ・コレクティブ調査を踏まえて──	
十八	EUと日本におけるコーポレート・ガバナンス・コデックスの比較	ラルフ・ビーブンロット

Ⅲ　文　献

現代経営学の新潮流──方法、CSR・HRM・NPO── 第十五輯

● 主要目次

Ⅰ　経営学の方法と現代経営学の諸問題

一	経営学の方法と現代経営学の諸問題	小笠原　英司
二	組織研究の方法と基本仮定──経営学との関連で──	坂下　昭宣
三	経営研究の多様性とレレヴァンス問題	長岡　克行
	──英語圏における議論の検討──	
四	経営学と経営者の育成	辻村　宏和
五	わが国におけるCSRの動向と政策課題	谷本　寛治
六	ワーク・ライフ・バランスとHRM研究の新パラダイム	渡辺　峻
	──「社会化した自己実現人」と「社会化した人材マネジメント」──	
七	ドラッカー学説の軌跡とNPO経営学の可能性	島田　恒

Ⅱ　論　攷

八	バーナード組織概念の再詮議	川端　久夫
九	高田保馬の勢力論と組織	林　徹
十	組織論と批判的実在論	鎌田　伸一
十一	組織間関係論における埋め込みアプローチの検討	小橋　勉
	──その射程と課題──	
十二	実践重視の経営戦略論	吉成　亮
十三	プロジェクトチームのリーダーシップ	平井　信義
	──橋渡し機能を中心として──	
十四	医療における公益性とメディカル・ガバナンス	小島　愛
十五	コーポレート・ガバナンス論におけるExit・Voice・Loyaltyモデルの可能性	石嶋　芳臣
十六	企業戦略としてのCSR	矢口　義教
	──イギリス石油産業の事例から──	

Ⅲ 文献

経営理論と実践 第十六輯
●主要目次
Ⅰ 趣旨説明──経営理論と実践 　　　　　　　　　　　　　　　第五期運営委員会
Ⅱ 経営理論と実践
　一 ドイツ経営学とアメリカ経営学における理論と実践 　　　高橋由明
　二 経営理論の実践性とプラグマティズム 　　　　　　　　　岩田　浩
　　　──ジョン・デューイの思想を通して──
　三 ドイツの経営理論で、世界で共通に使えるもの 　　　　　小山明宏
　四 現代CSRの基本的性格と批判経営学研究の課題・方法 　　百田義治
　五 経営"共育"への道 　　　　　　　　　　　　　　　　　齊藤毅憲
　　　──ゼミナール活動の軌跡から──
　六 経営学の研究者になるということ 　　　　　　　　　　　上林憲雄
　　　──経営学研究者養成の現状と課題──
　七 日本におけるビジネススクールの展開と二十一世紀への展望　高橋文郎
　　　　　　　　　　　　　　　　　　　　　　　　　　　　　中西正雄
　　　　　　　　　　　　　　　　　　　　　　　　　　　　　高橋宏幸
　　　　　　　　　　　　　　　　　　　　　　　　　　　　　丹沢安治
Ⅲ 論攷
　八 チーム医療の必要性に関する試論 　　　　　　　　　　　渡邉弥生
　　　──「実践コミュニティ論」の視点をもとにして──
　九 OD（組織開発）の歴史的整理と展望 　　　　　　　　　西川耕平
　十 片岡説と構造的支配－権力パラダイムとの接点 　　　　　坂本雅則
Ⅳ 文献

経営学の展開と組織概念 第十七輯
●主要目次
Ⅰ 趣旨説明──経営理論と組織概念 　　　　　　　　　　　　第六期運営委員会
Ⅱ 経営理論と組織概念
　一 経営理論における組織概念の生成と展開 　　　　　　　　庭本佳和
　二 ドイツ経営組織論の潮流と二つの組織概念 　　　　　　　丹沢安治
　三 ヴェーバー官僚制論再考 　　　　　　　　　　　　　　　小阪隆秀
　　　──ポスト官僚制組織概念と組織人の自由──

四　組織の概念——アメリカにおける学史的変遷——　　　　　　中　條　秀　治
五　実証的戦略研究の組織観　　　　　　　　　　　　　　　　沼　上　　　幹
　　　　——日本企業の実証研究を中心として——
六　ステークホルダー論の組織観　　　　　　　　　　　　　　藤　井　一　弘
七　組織学習論の組織観の変遷と展望　　　　　　　　　　　　安　藤　史　江

Ⅲ　論　攷

八　「組織と組織成員の関係」概念の変遷と課題　　　　　　　間　　　理
九　制度的企業家のディスコース　　　　　　　　　　　　　　松　嶋　　　登
十　キャリア開発における動機づけの有効性　　　　　　　　　チン・トウイ・フン
　　　　——デシの内発的動機づけ理論の検討を中心に——
十一　一九九〇年代以降のドイツ経営経済学の新たな展開　　　清　水　一　之
　　　　——ピコーの所説に依拠して——
十二　ドイツ経営管理論におけるシステム・アプローチの展開　柴　田　　　明
　　　　——ザンクト・ガレン学派とミュンヘン学派の議論から——
十三　フランス中小企業研究の潮流　　　　　　　　　　　　　山　口　隆　之
　　　　——管理学的中小企業研究の発展——

Ⅳ　文　献

危機の時代の経営と経営学　第十八輯

●主要目次

Ⅰ　趣旨説明——危機の時代の経営および経営学　　　　　　第六期運営委員会
Ⅱ　危機の時代の経営と経営学
　一　危機の時代の経営と経営学　　　　　　　　　　　　　　高　橋　由　明
　　　　——経済・産業政策と経営学史から学ぶ
　二　両大戦間の危機とドイツ経営学　　　　　　　　　　　　海道ノブチカ
　三　世界恐慌とアメリカ経営学　　　　　　　　　　　　　　丸　山　祐　一
　四　社会的市場経済体制とドイツ経営経済学の展開　　　　　風　間　信　隆
　　　　——市場性・経済性志向と社会性・人間性志向との間の揺らぎ——
　五　戦後日本企業の競争力と日本の経営学　　　　　　　　　林　　　正　樹
　六　グローバル時代における経営学批判原理の複合　　　　　高　橋　公　夫
　　　　——「断絶の時代」を超えて——
　七　危機の時代と経営学の再展開——現代経営学の課題——　片　岡　信　之

Ⅲ　論　攷

八　行動理論的経営学から神経科学的経営学へ　　　　　　　梶　脇　裕　二
　　　　——シャンツ理論の新たな展開——

九　経営税務論と企業者職能――投資決定に関する考察―― 関野　賢
　十　ドイツ経営経済学の発展と企業倫理の展開 山口尚美
　　　――シュタインマン学派の企業倫理学を中心として――
Ⅳ　文　献

経営学の思想と方法　第十九輯
●主要目次
Ⅰ　趣旨説明――経営学の思想と方法　　　　　　　　　　　　第6期運営委員会
Ⅱ　経営学の思想と方法
　1　経営学の思想と方法 吉原正彦
　2　経営学が構築してきた経営の世界 上林憲雄
　　　――社会科学としての経営学とその危機――
　3　現代経営学の思想的諸相 稲村　毅
　　　――モダンとポストモダンの視点から――
　4　科学と哲学の綜合学としての経営学 菊澤研宗
　5　行為哲学としての経営学の方法 庭本佳和
Ⅲ　論　攷
　6　日本における経営学の思想と方法 三戸　公
　7　組織の自律性と秩序形成の原理 髙木孝紀
　8　HRM研究における研究成果の有用性を巡る一考察 櫻井雅充
　　　――プラグマティズムの真理観を手掛かりにして――
　9　起業を成功させるための起業環境分析 大久保康彦
　　　――モデルの構築と事例研究――
　10　「実践の科学」としての経営学 桑田耕太郎
　　　――バーナードとサイモンの対比を通じて――
　11　アクション・サイエンスの発展とその意義 平澤　哲
　　　――経営現象の予測・解釈・批判を超えて――
　12　マズローの思想と方法 山下　剛
Ⅳ　文　献

経営学の貢献と反省――二十一世紀を見据えて――　第二十輯
●主要目次
Ⅰ　趣旨説明――経営学の貢献と反省――21世紀を見据えて　　第7期運営委員会
Ⅱ　経営学の貢献と反省――21世紀を見据えて

	1	日本における経営学の貢献と反省——21世紀を見据えて——	三戸　　公
	2	企業理論の発展と21世紀の経営学	勝部　伸夫
	3	企業の責任化の動向と文明社会の行方	岩田　　浩
	4	産業経営論議の百年——貢献，限界と課題——	宗像　正幸
	5	東京電力・福島第一原発事故と経営学・経営史学の課題	橘川　武郎
	6	マネジメント思想における「個人と組織」の物語り ——「個人と組織」の20世紀から「関係性」の21世紀へ——	三井　　泉
	7	経営学史における組織と時間 ——組織の発展と個人の満足——	村田　晴夫

Ⅲ　論　攷

	8	現代企業史とチャンドラー学説 ——その今日的意義と限界——	澤田　浩二
	9	v. ヴェルダーの管理組織論 ——組織理論的な観点と法的な観点からの考察——	岡本　丈彦
	10	組織社会化研究の新展開 ——組織における自己の記述形式を巡って——	福本　俊樹

Ⅳ　文　献

経営学の再生——経営学に何ができるか——　　第二十一輯

●主要目次

Ⅰ　趣旨説明——経営学の再生——経営学に何ができるか　　第7期運営委員会

Ⅱ　経営学の再生——経営学に何ができるか

	1	経営学に何ができるか——経営学の再生——	藤井　一弘
	2	経営維持から企業発展へ ——ドイツ経営経済学におけるステイクホルダー思考とWertschöpfung——	山縣　正幸
	3	「協働の学としての経営学」再考 ——「経営の発展」の意味を問う——	藤沼　　司
	4	経済学を超える経営学——経営学構想力の可能性——	高橋　公夫
	5	経営学における新制度派経済学の展開とその方法論的含意	丹沢　安治
	6	経営学と経済学における人間観・企業観・社会観	三戸　　浩

Ⅲ　論　攷

	7	組織均衡論をめぐる論争の再考 ——希求水準への一考察——	林　　　徹
	8	高信頼性組織研究の展開 ——ノーマル・アクシデント理論と高信頼性理論の対立と協調——	藤川　なつこ

9 人的資源管理と戦略概念　　　　　　　　　　　　　　　森谷周一
10 組織能力におけるHRMの役割　　　　　　　　　　　　庭本佳子
　　──「調整」と「協働水準」に注目して──
11 組織行動論におけるミクロ-マクロ問題の再検討　　　　貴島耕平
　　──社会技術システム論の学際的アプローチを手がかりに──

IV　文　献